【文庫クセジュ】

100語でわかる子ども

ジャック・アンドレ編著
古橋忠晃/番場寛訳

Que sais-je?

白水社

まえがき

「パパとママが小さかったとき、ボクの両親は誰だったの?」子どもは、大人の答えでは、決して満足できないような質問をするものである。子どもとは、思うがままに振る舞う哲学者の卵であり、つねに変わらぬ謎である人間の年齢の謎について問いを立てる存在である。なぜ二つの異なる性があるのか?「男の子には女の子をうるさがらせる喉を持っている」。パパとママは互いに抱き合っているとき何をしているのか?「パパとママは互いに口いっぱいにキスをして、よだれを垂らしている」。どうして同じ人を同時に好きだったり、嫌いだったりできるのか?「パパ、パパはぞっとするよ」。

この『100語でわかる子ども』は、「ずるい」から、「もっと(また)」や「ボクが大きくなったら」を経て、「キミはもうワタシ(ボク)の友達じゃない!」まで、何よりも子どもたちの100語である。子どもは、自分の母語を話すことを身につけるだけでは満足せず、その母語の内部に自分独特の語彙を作りあげる。われわれは、学者の視点を採用するよりもむしろ、子どもの「話すこと」を通じて子どもに出会おうと試みた。ただし、この見地を全面的に遵守することができるということはないのである。動物、悲しみ、悪夢、退屈、無垢、秘密などは子ども向けの言葉ではないが、幼年期の世界、子どもの経験の独創性を語りたいと思う者にはこれらの言葉は欠かせない。

100語はごくわずかで、選択を行なう上では採用するよりも除外したものが多い。明らかに、それは、これらの十四人の共著者たちがこの著作においてとくに準拠している専門性、つまり、実践や理論において、精神分析をしているという専門性と無関係ではない。しかし、ここでの『100語』は、子どもの精神分析の100語というわけでもない。たとえ、無意識の焦点や、遊びと想像的なものの領域、許されているものと禁じられているものとの対話、子どもと両親との関係などに注意が払われているとしても、われわれの興味を導いたものを強調している。「ワタシはパンツの専門店に行くの」とエミリーは言う。子どもたちのセクシュアリティは、もちろん、われわれの関心を呼び覚ましたが、それは「性的な」という語が通常意味するものにとどまらない。その見かけの真面目さ（たとえば、学ぶこと）がどうであれ、快―不快の原理に従わないような子どもの行動はほとんどない。子どもにおいては、考えというものが、世界の秩序を変えるよりもむしろ自分の欲望を変えることに起因することはない。たとえ理屈にすぎないものだとしても、子どもから論理までもすべて奪ってしまうわけではないのである。子どもはこんなふうに理屈を思うがままに使うのだ。

「パパ、将来ボクはおばあちゃんと結婚するんだ」

「だめだよ、それは禁じられているんだ。キミはボクの母親と結婚することはできない」

「それじゃ、なぜパパはボクのママと結婚したの?・」〔パパにとっての「ボクの母親」の「ボク」は、子どもの論理においては、ボク自身(子ども自身)であるために、このような会話が成り立つのである〕

目次

か行 50

さ行 84

あ行

赤ちゃん　Bébé

「人生はお前が見ている膜や腸のようなものだ。埋められることを強いられるような底なしの一つの穴である。人生は飲み込み、そして空《から》であり続けるこの管なのである」[1]。赤ん坊に対するこのイメージは、二十世紀の前半まで流布していたイメージからそれほど隔たってはいない。それは乳児（*nutritio, nutrire* は授乳される者の意）を、吸収したり、吐き出したり、あるいは反射で泣き叫ぶ口、つまり、話さず、考えず、苦しまない消化管に単純化してしまうイメージなのである。

赤ちゃん（bébé）、ベビー（baby）など、その語そのものは、おしゃべり（babil）のオノマトペから作りだされた（「片言をしゃべる（balbutier）」や「ぺちゃくちゃ話す（babiller）」の bab-）。「野蛮《バルバル》な（barbare）」のように、赤ちゃんは、それを接近不可能にしているものでしか定義されず、言語を奪われ、明瞭な音を発音することができない異邦人であり、ある魂の証人となることができ、言葉によってそれを具体化できるときしか一つの魂を持たないような者（*in-fans*《インファンス》：言語の手前）なのである。人は口をいっぱいにしては話さない。このように、言語は「乳房で一杯になった口から、語で一杯になった口へのシーソーの働きに応じてしか[2]」現実には生じえないのである。

「赤ん坊と名づけられるこのものは存在しない」とウィニコットは書いた。[3]「自分の母親なしに」と理解しなければならない。他の種とは反対に、赤ちゃんの早熟は、ある覆い、彼を覆うことができる外部のお腹、言い換えれば、彼のために話し、彼のために歩き、彼のために考える、ある取り囲む環境を要求する。他人に全的に依存している新生児は、生まれながらに無能であるから、よりいっそう不足しているところを補われる生き物である。この不器用で、不完全な赤ちゃんというイメージとは反対に、そして恐らくその人間としてのステイタスを否定したという罪悪感に基づいた、最近の諸々の研究では、赤ちゃんの「早熟の能力」を強調し、赤ちゃんを能動的で、相互作用的な主体、適応能力のある神童（早熟児）*、相互関係の第一人者などと記述している。そうして記述された赤ちゃんは、そのように理想化された両親の表象、真のスーパーヒーロー*として書かれた赤ちゃんの表象を強め、（ほとんど）すべてを理解し、すべてに同化し、記憶することができるのである。それは力と栄光の対象、フェティッシュの対象である。誇りと驚嘆を通じて、親たちは自分たちの失望したナルシシズムの太古的な痕跡を記録しているのである。「現実が打撃を与えた自我のこの不滅性は子供の中に避難することで確かな場を再び見つけた。病気、死*、愉しみの断念、本人の意志の制限といったことは子供の身に降りかかってはならず、自然の法則も社会の法も子供の前では効力を失うべきであって、子供はまさに再び創造の中心点となり核とならねばならない[4]」。

（1）Amélie Nothomb, *Métaphysique des tubes*, Albin Michel, 2000.〔ノートン『チューブな形而上学』横田るみ子訳、作品社、二〇一一年〕

（2）Nicolas Abraham, Maria Torok, Deuil et Mélancolie, in *L'École et le Noyau*, Flammarion, 1978.〔アブラハム、トローク『表皮と核』大西雅一郎、山崎冬太他監訳、松籟社、二〇一四年〕

（3）Cité par J.-B. Pontalis, *Entre le rêve et la douleur*, Gallimard, 1977.

（4）S. Freud, « Pour introduire le narcissisme », *OCF/P*, vol. XII, 2005.〔フロイト「ナルシシズムの導入にむけて」『フロイト全集13』立木康介訳、岩波書店、二〇一〇年〕

悪夢　Cauchemar

就寝時におけるすべての点検はどうにもできない。次に、まずクローゼット、タンスの引き出し、最後にベッドの下……。何をしても無駄だ。毎晩ではないにしても、いずれにせよあまりにも頻繁に怪物が火山から出現し、ジュールはそれから逃れようとして、ベッドから落ちないまでも、発することのできない叫び声*でいきなり目覚める。眠りが夢を動かしている限りにおいて、眠りを守っている夢〔フロイトによれば、夢の働きとは、眠り続けられるようにすることである〕とは違い、悪夢は頭からあふれ出し、部屋中*につきまとう。眠りから覚めることでしか悪夢から脱することはできない。

Cauche-mar という語はピカルディー地方の田舎の奥の果て、穴のあいた道の闇の中で作り上げられ、*cauchier* は「彼の鉛の手を鎖に繋がれた私の魂に置く[1]」悪夢であり、締めつけたり、踏みつけた

り、押しつぶしたりする悪夢である。*Mare* とは幽霊*であり、夜の有害な存在であり、彼はフュースリーの絵(2)の眠れる美女を脅かす怪物のような姿であちこちの場所に出没するのであり、その美女については、享楽したところなのか、死んだところなのかはわからない。悪夢は生と昼、死と夜、享楽と恐怖を混同するのである。

ジュールは火山の怪物を描くことができない。というのも、いつも彼は、その怪物が現われようとする瞬間に眠りから引き離されるからである。彼はそのことを確信している。怪物はダース・ベイダーよりもさらにもっと恐ろしく、さらにもっと黒いのである。火山といえば——幼少期はいくつものイメージの才能を持っている。その「キリマンジャロ」の勃起、その支配力は、風景全体に強い印象を抱かせる。またその開口部から、地球の中心へ潜り込み、旅をすることができる。中心、怪物たちが支配している地獄では、激烈なすべての欲望が溶岩でできたベッドを作りだすのである。

ベッドとは厳密には両親のベッドであり、それは噴火と落下の後のジュールが避難する場所なのである。彼はパパとママの間に滑り込む。ジュールが見つめるのは母親であり、父親には彼は背を向ける。素敵な夜には、うるさがらせられ、自分の場所から追いやられた「ダース・ベイダー」は怪物たちの部屋で眠るために立ち去るのである。

(1) V. Hugo, «Le Cauchemar», *Odes et Ballades*, 1822.
(2) フュースリー「夢魔」、一七八一年、デトロイト美術館蔵。

遊ぶこと、演じる、ふりをする　Jouer

「遊ばない子どもは子どもではない。しかし、遊ばない大人は自身の中に息づいていた子どもを永久に失っていて、そのことでとても寂しい思いをするだろう」[1]。「遊ぶ子ども」というのは、人類の歴史を通して言えるほど、冗語表現であり続けてきた。それは、人間存在――つねに曖昧で不確かでありながら生き生きとしたもの――の象徴とも言える。ヘラクレイトスにとって「世界とは遊ぶ子ども」であったのだ。遊ぶことというのは、象徴であることを超えて、生《せい》の媒介物をなしている。人類《ホモサピエンス》は自身の存続を遊ぶ人《ホモルーデンス》の能力、つまり、生の現実に魔法をかける能力に負っているのかもしれない。ほとんど生まれつきと言ってもよいほど、遊ぶことは、子どもにおいてとりわけ存在のあり方になっているのである。自己の発見――内的世界として自身の身体を発見――をすることで、外的世界を探求し、また言語の獲得によって他人を経験する。すべては遊びのため、加えて驚きと喜びのためである。四〇〇年以上前のブリューゲルの絵画《子供の遊戯》（一五六〇年）でも、九〇ほどの遊びが描かれている。この絵では、子どもの生活全体が、絵画の技法で生き生きと描かれた。遊ぶことは、根本的に、目的や終わりのない活動なのだ。『不思議の国のアリス』に倣って言えば、遊びとは「プレイすること（playing）」であり、ある特定の空間で繰り広げられる、内と外、または現実的なものと想像的なものの間で動く境界（つまり、「移行空間」）を自由に行き来することである。シャルダンの絵画《独楽で遊ぶ子供》（一七三八年）のような遊びに没頭している子どもを見れば、心の底から楽しんでいるのがわかるだろう。労働とは正反対の、無意味で無駄で不真面目な営みについては、「プレイボーイならぬ」プレイキッドの最も理解できない性愛的な部分があたかも軽視されているかのようである。

しかしながら、別の位置づけ、つまり遊戯の「有益」な快を、教育的、社会的あるいは文明的な利点を持つものとして位置づけることもできる。それは、諸々の規則に囲まれるゲームの形をとった――まさに「社会化された人間による遊戯行為[2]」である。たとえば、暇つぶしのゲーム、教育ゲーム、ソーシャルゲーム、スポーツゲーム、ビデオゲームなどさまざまに変化した形である。子どもが遊ぶのには意味がある。あるいは次のようにも言えるだろう。「かくれんぼ*」をすることで、将来、分離不安と再会の喜びという二重奏を楽しむことができるようになる。しかし、大人が「いないいないばあ」をして、赤ちゃん*を大喜びさせようとする快楽は何の役に立つのだろうか。いない、いないばあ！　笑いと興奮が共有され伝播する。それは、赤ちゃんを誘いかける謎の快なのである。さあ、今度はキミが遊ぶ番だ！

（1）P. Neruda, *J'avoue que j'ai vécu*, Gallimard, 1975.
（2）J. Piaget, La Formation du symbole chez l'enfant, Delachaux et Niestlé, 1945.

甘えんぼ　Pourri-Gâté

「あなたのような母親はたくさんいます……あなたが息子さんを甘やかしたんですよ！　駄目にしたんですよ！　そうですとも！」と、セリーヌは『なしくずしの死[1]』で書いている。「わがまま児

（gâté）」とは「ダメになって」「損なわれて」「落ちこぼれた」ことを意味している。フロイトは、性的成熟を加速させてしまって子どもをわがままにしてしまうことから、両親の過剰な甘やかしに警鐘を鳴らしている。近代になるとgâtéという意味に転倒が生じた。それは、「gâté（腐った／傷んだ）」と「gâteau（甘いお菓子）」の隣り合う音が似ているために、混同され、語源からは予想できないような意味が重なってしまったからである。四歳になったクロエはいばって、「ワタシはおっぱいのせいで甘やかされて（gâter）しまったわ。ワタシのために甘いもの（gâteaux）をたくさん作ってくれるんだもの！」それは、バルザックの『従妹ベット』のおじいさんのお菓子と同じである。甘えんぼと同義になってしまった甘ったれの子どもは、周囲の関心、ゲーム、プレゼントでいっぱいなのである。そこで人が従っているのは、贈り物の量で愛を判断する消費社会によって生み出された交換の等式である。甘やかすこと（gâterie）というのは、ダメにするという本来の意味を忘れて、いつも愛しているふりをして、金銭に支えられた愛情によって露骨な形で「甘やかして」しまう。「わがまま児」という概念は、それは理想であることを超えて、一つの真の規範になってしまい、子どもを、規則に従わず、気まぐれな人にしてしまう恐れのある甘やかしの過剰さを覆い隠してしまっているのである。たとえば、モンテルランは『独身者たち』の中で、そうした子が、「意志の弱さと愛情から、無分別に甘やかす母親と、気質から甘やかす父親[2]」によって落ちこぼれた、と書いている。

「わがまま児」の本来の意味を失ったことで、近代というのは「甘えんぼ」という新しい表現を作らざるをえなくなった。この表現には、子どもを落ちこぼれさせ、誰しも持っている最も密かな願いの一つを露わにするような過剰さという概念が再び見いだされるのである。嫉妬の影響のために、「甘えんぼ」は休み時間*にいじめの対象となり、両親に反省の色が見られない場合には、祖父母*にまで批判が向けられる。しかし、人間の愛への渇望というものは飽くことを知らず、「甘えんぼ」は成長して大人になってもその生き方を変えることはない。「甘えんぼ」は征服をしようという理想を絶えず持っていて、「キミはボクのことが好きなのかな?」というような愛のさまざまな要求を育み続けるのである。さらには、「あなたがそれに価値を与えているから」という言葉から、「子どもと大人の違いは持っているおもちゃの価値の違いである」という車の広告に至るまで、人の消費欲を刺激し続けてもいるのだ。

（1）L.F. Céline, *Mort à crédit*, Denoël, 1936.〔セリーヌ『なしくずしの死』高坂和彦訳、国書刊行会、一九七八年〕
（2）H. de Montherlant, *Les Célibataires*, Grasset, 1934.〔モンテルラン「独身者たち」『世界文学全集第24巻』渡辺一民訳、集英社、一九七九年〕

言いつけてやる、告げ口する子ども　Je vais le dire, rapporteur

告げ口する子どもとは、休み時間*に校庭から締め出された子どもである。面目も勇気もなく、評判を落とす可能性しかないのである。「言いつけてやる」というのは、万策尽きた子どもが自分を苦しめる相手に浴びせる脅しである。その脅しは、その子を救うどころか、彼をさらに孤独の中に追いやるだけなのである。

しかし、この脅しというのは、のけ者だけの特権ではない。たまたま告げ口する立場になった子どもが口にした脅しが意味するのは、もう限界に達した、大人の裁きや保護が必要になった、ということである。大人に頼るという意味は、最後の砦が侵されてしまったということである。「タイム！・〔フランス語は親指*（pouce）と同じ語である〕」と言うだけでは不十分である。年上の人に危険な行為だと知らせる賢い子どもと、下劣な密告者との間にほとんど差はないのだ。

すべての子どもにとって、「言いつけてやる」というのは、大人に注目してもらおう、愛されようとする願望なのである。それは、親の一方が誰か別の人を好きになってしまったときに、取り返しのつかないほど裏切られたと親に伝えることで愛されようとする願望である。この親に愛されていないなら、なおさら告げ口するかもしれない。もう一方の大人の中には三角関係をやめようとしない者がいる。彼らはイアーゴーとなる。オセロがキャシオーを選んだのではないかと思って、イアーゴーは自分を見失うのだ。

しかし、もっと潜在的に、無意識的には、告げ口することは、他人を罰して打ちのめそうとするサド的な快であると同時に、罪悪感から逃れて、今度は自分を罰してもらい愛されようとする複雑な道を経て、マゾヒズムの中に身を任せようとすることなのである。

告げ口呼ばわりされた子どもが、裏切りという行為で（興奮を抑えることができないほどにまで）行き過ぎてしまうと、節度のある子どもでも、しばしば「大人に言いつけること」が抑えられなくなる。親たちは勇気を持って、休み時間に自然発生した反坐法を終わらせようと試みる。しかし、今度は母親が子どもを脅迫して逃げ口上を言うことがある。「お父さんに言いつけるわよ」。こうして休み時間は決して終わらないことがわかるだろう。

痛み　Bobo

「もしもし、痛いよ、ママ。ママはどうやってボクを作ったの？　ボクはかわいくない……」。アラン・スーションが歌うこのリフレイン(1)は、すぐに考慮せざるを得ないものとなった。慰めてくれた母親の存在のおかげですぐに痛みを忘れることができた、という幼少期へのノスタルジーから、自分の不満の責任が母親にあると混同する。「僕は田舎でも街でも具合が悪い。恐らく少し弱すぎるのだろう……」

「赤ちゃん*は痛がっている」。子どもを自分の腕に抱き、その傷口に息を吹きかけキスをすると……ほら、苦痛は忘れ去られる！　痛みはキスとともに消え去り、そしてママにくすぐられる*と、子どもの笑いにかわる。

「痛がっている……赤ちゃん……痛がっている……かわいい赤ちゃんが……ああ、なんてかわいい赤ちゃん……こちょこちょ、ねんねし*なさい……赤ちゃん、どうしたの？……赤ちゃんは痛がっている……赤ちゃん、どこが痛いの？……あちこちにキスをしましょう……。赤ちゃんはもう痛がってない……以上……」(2)

言葉とそれに伴う数々の仕草は、手当ての働きをし、子どもを鎮める。

この語の語源はあまり明らかでない——確かにその語の語彙的歴史についての推測は数多くある。口を尖らせる唇の動きによるオノマトペからの派生語をそこにみる人もいれば、「膨張」を意味する *baxb* や *bamb* のようなインド・ヨーロッパ語族に近い、「*bober* 口を尖らせる」という語を起源として派生したとみる人もいる。しかしながら、最も本当らしいのは、「bobo 痛み」は赤ちゃんの言語のモデルに従った大人の創作物だということである。それはいくつかの音節を反復することで遊び、それらの子どもっぽい音の響きにより、さらには一般的に軽い傷の悲劇性を取り除く子ども用の一連の単語の一部をなしている。他の言語はこの影響を受けた語となっている。「bobo 痛い」は、アメリカ英語においては文字通りに *boo boo* であったり、ドイツ語においては、再び幼児語の形の「*Wehweh* いたいいたい」であったりする。それがどのようなものであれ、その語はかなり昔の用法に属しているように思われる。というのは、シャルル・ドルレアン（一三九四—一四六五年）が彼の中世の定型詩の一つの中でそれについてほのめかしているからである。「十分にねんねしなかったときには／この坊やたちは／彼らは女中たちによって／痛み bobo で顔面蒼白になる」。

（1）«Allo Maman bobo», 1977.

（2）«A bobo bébé», chanson de Pierre Desproges, 1977.

いんちき　Triche

いんちきは予測可能である。そこには、ルールの確認、ゲーム、さらに端的に言えば芝居があるからである。まずは、向かい合っているプレイヤーに対して第三者がルールを読み上げ、試合の忠誠を確認する。優位に立ってもうまくいくとは限らない。自分の勝ちの正当性さえ証明できれば、相手の敗北というものを議論の余地のないものにしてしまうのである。手も足も出ない人の口から、負けを知らない人に災いが降りかかるよう、「それはいかさまだ！」と、本心と涙混じりの叫び*が発せられるのは珍しいことではない。とにかく遊びやそのルールから逃げ出し、部屋*の隅に逃げ込むことになるだろう。そこで、再びあらゆる勝利をものにすることができる。「夢想は、惑わし、たぶらかし、だまし、絡め取り、あなたを共犯者に仕立て上げる。夢想はあなたの意識されている一部をいんちきの中に引きずり込む。夢想は、あなたを魅了し、そして、堕落させてしまう(1)」。

いかさま師の場合は上のほうから伝わってくる。「私が言うことをやってごらんなさい。私がすることではなくて」。子どもは、ゲームのルールがすべての人にとって同じ価値を持っているわけではないこと、裁き手であると同時に当事者でもある両親も事情は同じであることを即座に理解する。おそらく、一九六八年五月のアナーキストたち（彼らは神でもなく、師でもなく、両親でもない）は、原初的な権力の濫用を掲げることで、「試験でいんちきをする権利」を復権させようとしていたのだろう。

それゆえに、ルールの場を代表する学校*は、いんちきの場所でもある。いんちきをすることは、カンニングする行為へとつながっていく。つまり、先生が他の生徒を見ているときに、肩越しに隣の生徒の解答用紙を盗み見るという行為である。それは、いんちきをするあらゆる快楽の口火となる誘惑的な行動である。快楽と言ったのは、欲望と禁止の侵犯を混同してしまうからである。セザール役のレミュは、自身の「法」を、共同体の法、パニョルの成長した子どもたちに強いるほどまでになっていて、映画の冒頭で以下のように話すのである。「友達にいんちきをすることができないなら、トランプで遊びをしても無駄さ」[2]。「法」は私の心を引き裂き……。

（1） V. Hugo, *L'Homme qui rit*, 1869.
（2） *Marius*, 1931. 〔アレクサンダー・コルダ監督『マリウス』〕

うえっ！ Beurk

典型的な子どもの言葉であるこのオノマトペは、子どもがほうれん草の料理を前にしたり、あるいは年老いた伯母の湿りすぎたキスに直面したりしたときに、彼が表わしうる限りの不快感を、身振りをまじえて示したものである。

ものとしての単語であるそれは仕草を言葉に結びつける。「うえっ」は子どもが嫌っているものを投げだし、良いものから悪いものを分ける。それにより、口唇的なものと肛門的なものが、人が大便をするように、出る前にこらえていた語の一つにしかならないのである。

その反対のものを包み隠すいかなる不快もない。いくつかの「うえっ！」にはどれほどの快楽があるのだろうか。子ブタのようになり、恍惚とした喜びを持って泥の中を転がり、衣服を汚し、チョコレートでべたべたと汚す。「うえっ」と「ブーダンうんこ*」は分けられない。三歳から六歳の間に、親たちがしょっちゅう耳にするこの表現は、清潔さを脅かすときの汚す人のあらゆる快楽を表わしている。

セクシュアリティの歴史は、嫌悪感を与えるものと魅力的なものとのある弁証法として書かれうる。路上の恋愛*のキスの光景によって子どもに引き起こされた「うえっ」は、魅力と嫌悪を一つにしている。ただ自分の両親の組み合わせのイメージだけが、つねに「うぇっ!」に止まるであろう。それ以外は……単にむさぼるようなキスだけでなく、ときにはほうれん草でさえも、昨日の不快はしばしば明日の快楽になるからである。

嘘

Mensonge

その日、マルクは学校*に行かないことにした。手で額をこすり、平熱より高くなるまで体温計を電球に押し当てて暖めておき、笑顔を消して辛そうな表情をして、張りのない声で、いかさまをやってのける。結局、マルクは学校を休み、おばあちゃんの家でぬくぬくとすることになるのである。マルクにこの記憶がよみがえってきたとき、自慢する気持ちがないわけではなかった。マルクは寝椅子の上で「電球」という言葉から連想をしていく。それはマルクの最初に成功した嘘の一つだったのである。

嘘とは、子どもにとっては一つの発見である。嘘によって、子どもは不安状況や恐ろしい局面から「脱却」できるようになるだけではなく、大人に反抗できるようにもなる。数多くの合目的性が子どもを嘘へと推し進めるのである。それは、誘惑したい、愛する人に近づきたい、失望したくない、反対に他人とかかわりたくない、秘密*を守っていたいという欲望などである。なぜなら、もし幼少期の子どもが、大人にはすべてを簡単に見通す能力を付与されているかもしれないと思っているなら、嘘をつく経験こそが大人の秩序や支配から解放されうる自由の行為になるからである。

周囲の人を欺くことができなかった子どもはもう一つの世界に逃げ込むことになる。それは精神病のような狂気の世界で、真理が隠蔽されたり抑圧されることのない世界である。というのも「正しい真理」を言うパラノイア患者のみが、自分は嘘というものを知らないと主張する妄想的思考を示すからである。逆に、虚言症の患者は考えるように嘘をつく。文学や詩の虚構を通した王国である。それほど被害をもたらさず、共有されることへとより開かれている。コクトーが言うように、「詩とはつねに真理を言う嘘なのである」。

乳母（託児所）　Nourrice (Crèche)

赤ちゃんやベビーシッター*という語彙は身近であるのに対して、乳母や乳飲み子という語は過去のものとなっている（とくに、後者の乳飲み子という言葉は幼児に対する母親の保護の永続性の中に隠れてしまっている）。乳母というのは、乳母産業を生み出し、十九世紀のフランスの全地域において、その産業は活気づき、多くの乳飲み子を亡くしてしまった。しかし、現在、乳母産業はもはや収益性がない。哺乳瓶によって乳母産業の立場が危うくなり、母親の保護と務めこそが乳母産業を終わらせたからである。しかし、粉ミルクを使う母親や金目当ての乳母――代理母の先駆者ではないだろうか？――が、哺乳瓶を検査（十九世紀に乳母産業が発達したことで、哺乳瓶の衛生面が問題になった）し、授乳する母親によって立場を奪われたわけではない。公的な援助を得た「プチ・パリ」を受け入れてきたモルヴァン――ブルゴーニュ地方の牛乳の産地――の乳母たちや、第二帝政のときに大都市の高級住宅地にやってきた乳母たちは、自らが召使いという身分の運命を辿ること、つまり、良質な乳脂というものがもたらされたことを知ったのである。公園のベンチではベビーシッターが乳母たちにとってかわった。フランスにおいては、多くのベビーシッターたちの間でなされてきた母親的な援助が、一九七七年以降、組織化され認可され賃金制になることで、一つの地位を獲得したわけである。彼女たちはしばしば「ヌヌ」（ベビーシッター）、あるいは「タタ」「タティ」（ベビーシッターおばちゃん）という短い名前である（稀に「トントン」（ベビーシッターおじさん）もある。というのも男性形のベビーシッターは文法上不可能で、女性形でベビーシッターとしか言いようがないからである）。

ベビーシッターに任せるのか、あるいは、託児所に預けるのか？　お金があってもすべての人に行き渡るわけではなく（託児所のスペースでは不十分）、子どもの養育形態の選択は、子どもに誕生以来の悪夢を見させることになってしまうだろう。どこで誰にこの赤ちゃん閣下を任せるのが最もよいだろうか。ベビーシッターにしようか。ママは、ベビーシッターに支払うためのお金を稼ぎに出掛けたか、子どもが生まれてすぐ社交のために託児所に預けにいくかである。もはや、ベビーシッターはおっぱいをあげることはない。ベビーシッターがそこにいるのは、子どもにおやつ*を食べさせるためか、宿題*をさせるためか、お風呂*に入れるためであり、夕方には子どもを引き渡す準備をしておくのである。ベビーシッターは、起きていることが必須なのである。

ガリ・バルディーヌのアニメーション映画『ばあや（ベビーシッター）と海賊』（二〇〇一年）では、縞のセーターを着た豊満な胸の、布でできたベビーシッターのチュ・チャが、バスタブに帆を揚げる。主人公の船長は大喜びで、「乗り込め！」というわけである。

お医者さんごっこ　Docteur (jeu du)

「これは熱い！」確かに体温は上がっており、お尻をむき出しにした幼い女の患者には熱がある。そして新米の医者はとても意識を集中している。それは、少なくとも、ボリスが息子の部屋*へと場違いに入って、息子を当惑させるであろう夜のちょっとした診察がいきなり終わりになるまで続くだろう。これ以後そのお医者さんごっこを禁じるべきだろうか？

もう一つのわかりやすいお医者さんごっこは、仮病人という題材は必要としない。負けたら脱ぐ《ストリップ》ポーカーの原型は、「もし、キミが自分のものを見せてくれるなら、ボクも自分のものを見せてあげるよ」という駆け引きである、本質的なものを要約している。子どもにおいては、人間の身体に魅了されることは、性的な活動よりも好奇心のほうにより属している。幼い研究者の衝動から分析されたことは、まさに性別化された身体、「ジジ（おちんちん）*」に関係している。しかし検査というものは、何よりも解剖学的な性の神秘的な差異、知的好奇心を発揮するための最初の謎と決定的な原動力を対象としている。
「パパとママを演じる」*という第三番目のお医者さんごっこは、探求の対象をさらに正確にしてくれる。しかし、子どもが背を向けているとき、親たちは何をするだろうか？　そこにいるのは、性の起源――そこには自分自身の起源をも含む――の探求を始めた幼い学術調査員なのである。「子どもはどこからやって来るかという解決しがたい問題とゆるやかに結びつきながらではあるが、子どもは『結婚』と呼ばれている状態の本質と内容がどういうことなのかという問いに取り組む。私がいちばん頻繁に出会った見方は、『目の前でおしっこをし合う』ということである。かつての結婚の意味は（恥ずかしがらずに）互いにお尻を見せ合うことにある」[1]。

しかし、恐らく、お医者さんごっこがそれ以外の解釈よりも明らかにするのは、子どもが対象とする「世話をする魅惑」、最初の世話を通じて官能的な快楽[2]を自身のうちに目覚めさせた母親の「世話をする魅惑」を再び生み出すことである。それゆえ、子どもは自分が世話をされたように、つまり性的なものを伴いながら、他の子の世話をするのである。

（1）S. Freud, « Les théories sexuelles infantiles », in *La Vie sexuelle*, Puf, 1997.〔フロイト「幼児の性理論について」『フロイト全集9』道旗泰三訳、岩波書店、二〇〇七年〕
（2）S. Freud, *Trois Essais sur la théorie sexuelle*, op. cit.

王様としての子ども　Enfant-Roi

王様としての子どもは、ただちにすべてを欲する。太陽王〔ルイ十四世〕に倣って、子どもの気まぐれ*は、法を作り、数々の欲望がそのまま秩序となる。その全能にはいかなる限界もなければ、理論へと組み立てるすべての実行をときに妨げる相対的な無能力の限界さえない。王様としての子どもは、たとえ兄*弟や姉妹がいたとしても、単なる衛星へと格下げされた数々の惑星がその周りを回っている太陽のように、唯一の子どもであり続ける。冷酷でありながら勝手な専制君主である子どもは、すべての男女の上に君臨するが、それはつねに第一に自分の両親の上においてである。しかし、彼の両親は、今日好意的すぎる言い方をすれば、多かれ少なかれすべてにおいて彼の主導権《ヘゲモニー》に反駁する資格があるのである。

　それはフロイトが、「あの胸をうつ、だがつまるところかくも子どもじみた親の愛情というものは、彼らのナルシシズムが生まれ変わったものにほかならず、それは対象愛へと姿を変えながらも、おのれのかつての本質を見紛う余地なく露わにするのである[1]」と書き留めているようなことであろうか？王様としての子どもに、禁止することは禁じられており、子どもを介して両親が自分のナルシシズムによる全能感を回復することができるという事実に、正当性の一部を見つけるのである。「誰しもかつては自分がそうであると思い込んでいたように、《赤ん坊陛下（*His Majesty the Baby*）》というわけである。子どもはいまだ果たされざる両親の欲望夢を成就すべきであり、父親の代わりに偉大な男や英雄とならねばならないし、王子様を夫に迎えて母親の願いに遅ればせながらの償いをもたらさねばならない[2]」。子どもが、人から違う（ダメ）*と言われる特権を奪われた途端に、そのことによって制御できなくなってしまわぬように、両親のうちに見つけることのできなかった諸々の限界を自分自身に厳格に与えなければならないという重い義務に直面することになるのである。

そもそも素晴らしい子どもである王様としての子どもは、親の心的エネルギーが大量に自分に注がれるようにするが、権力を得る代償として、やがて身を落とすことは疑問の余地がない。両親の英雄である彼は、幼少期の終わりによって永遠に地位を剝奪されるという悲劇的な運命に脅かされている。「私が理解し始めたのは、ようやく四十代に近づいてからだった。かくも若いうちに、かくも早くにそれほど愛されていることは良いことではない。それはあなたに悪い習慣を与える。それが到達したと人は思う。それは他の所に存在し、それは見いだされうると人は思う。人はそれについて予測する。人は見つめ、人は期待し、人は待つ[3]」。早すぎる時期に王になった彼は、子どもであることを、その時代のルイ十四世のように奪われている。

（1）S. Freud, « Pour introduire le narcissisme », *op. cit.*, p. 96.〔フロイト「ナルシシズムの導入にむけて」『フロイト全集13』立木康介訳、岩波書店、二〇一〇年〕
（2）フロイト、同書。
（3）R. Gary, *La Promesse de l'aube*, Gallimard, 1960.〔ガリ『夜明けの約束』岩津航訳、共和国、二〇一七年〕

お気に入り　Chouchou

たった一つのクラスでも、子どもたちのたった一つのグループでも、その「お気に入り」を持たないものはない。大人たち*が一人の選ばれた人を特別扱いするとき、つねに特権が出現することによって、集団の結束というのは脅かされてしまう。子どもたちによって嫌悪される「お気に入り」は、大人たちのお気に入りである。子どもたちの口から出る侮辱であるその語は、大人たちが口にすれば心地よい語である。

「かわいい（chéri）」という意味の「かわいい子（chou）」に由来する「お気に入り（chouchou）」は、他の子たちを犠牲にして大人の好みや好意を自分に向ける子どもを指す。『プチ・ニコラ』のアニャンという登場人物は象徴的な人物である。アニャンは熱心で、密告者で、先生*にとっては異論のないお気に入りだが、残りの仲間たちからは嫌われている。「彼はクラスで一番だけど、ボクたちはあんまり好きではない。彼は汚い偽善者だ[1]」。アニャンの、大人たちとのいかがわしい類似性によって、彼はつきあいたくない人になる。

お気に入りは、誘惑する子どもであると同時に、誘惑される子どもであり、彼の年齢の区切りに対応する自律の義務である侵犯的でいかがわしい親密さを、大人と分け合うのである。六歳頃のいわゆる「潜伏期」と呼ばれる時期に、子どもたちは自らのエディプス的計画、つまり愛する親の気を引きライバルをふるい落とす計画をあきらめる。それは、独立した人格になるためには必要な条件である。フランスのケベックの方言では、クラスのお気に入りは、いつも母親の乳首を吸っているのではないかと疑われる子どもという意味で、「おべっか使い（téteux）」と呼ばれることは驚くことではない。

この地位に対しては、代価が支払われる。お気に入りはしばしば馬鹿にされ、恥辱の孤独をさまよわなくてはならない。彼がそれほどひどいめにあうのは、親から子どもたちの中でお気に入りの一人にされることによる反感を代表しているからである。これらの選ばれた愛情を得ようとする動きは、兄弟たち*や姉妹たちの慧眼を逃れることはない。イタリア語でcocco（お気に入り）は、十二人の兄弟の中で最年少であり、父ヤコブのお気に入りの息子である旧約聖書のベニヤミン（Benjamin）とのつながりから、*beniamino* とも呼ばれる。嫉妬にさらされたり、共同体からのけ者にされるお気に入りには、どのような未来が待ち受けているのだろうか？　玉座だろうかそれとも晒し台だろうか？

（1）**P. Goscinny, J.-J. Sempé**, *Le Petit Nicolas*, Danoël, 1960.〔ゴシニ、サンペ『プチ・ニコラ』笹本孝訳、牧神社出版、一九七三年〕

置き物のようにおとなしくしていること　Sage comme une image

セギュール夫人の書いた『ちっちゃな淑女たち』（一八五八年）の時代では問題はなかった。フルールヴィル夫人が二人の娘、カミーユとマドレーヌに「マルグリットはあなたたちより若いわ。マルグリットの母親と私の指導で彼女の教育の責任を負うのはあなたたちよ。彼女を良い子で賢い子にするためには、彼女にいつも、正しい助言やよいお手本を与えなくてはならないの」と言うと、マルグリットは「わたしならいつもきちんとしているわ。あなた方の言うことを聞くつもりだし、いつもあなた方に喜んでもらおうとしているのよ」とカミーユとマドレーヌを抱きしめながら答えたのである。

置き物のようにおとなしい子どもは、扱いに困る多動（過活動）*の子どもとは反対に、両親に満足なお返しを提供し、両親の欲望や価値規範にぴったり合う子どもなのである。清潔で髪をきちんと櫛でとき、きちんとした身なりの子どもは、写真映りもよいし、素直で従順で落ち着きのある、まるでエピナルの版画のような印象を大人たちに与える。しかし、子どもが「置き物のようにおとなしい」ことを期待されるためには、その子どもが本来の立場を変えて、ルソーの『エミール』で強く奨励されているように、特別扱いされ教育の注目の対象となることが必要なのである。親や教育者の中で抑圧された憎しみと背中合わせになっている道徳的次元に加えて（子どもたちが死んだように静かであればよいのだが！）、置き物のようにおとなしい子どもは、無動で無言であることで、大人たちの真面目な精神をかき乱す恐れがまったくないのである。騒々しい子どもはその真逆である。「家族の集合写真で、私は舌を出したり、背中を向けたりしている。私のまわりで皆が笑っている。これらの小さな勝利は、私に、法則や、習慣や、慣例などは克服できないものではないということを教え励ました。これらは、その後、あらゆる躾に対してずっと存在していたある種の楽天主義に原因している」(1)。

なぜなら、大人によって要請されているのは、子どものセクシュアリティや、子どもの貪欲な欲動を抑圧することであるからだ。問題は、フロイトのいう子ども、つまり、短いズボンをはいた多型倒錯*の子ども、さらには、あちこち走り回って、あらゆる手段を尽くして、泣き叫んでお尻を叩かれるまで節度なくとくに理由もなく興奮する野蛮な子どもに規律を与えることである。置き物のようにおとなしい子どもの世界には何も生み出されない。模範的な女の子たちには退屈*が生じる。ありがたいことに、馬鹿なことしかせず、大人たちに背いては罰として叩かれてばかりのソフィーは、カミーユとマドレーヌの家のおやつ*に招待されたのである。

（1）S. de Beauvoir, *Mémoire d'une jeune fille rangée*, Gallimard, 1958.〔ボーヴォワール『娘時代——ある女の回想』朝吹登水子訳、紀伊国屋書店、一九六一年〕

お小遣い　Argent de poche

最初のお小遣いをめぐってはどれほど多くの交渉がなされることか！　最初のお小遣いは自律への第一歩を印すことなのだが、それは、悪い行ないをしたときには取り上げられたり、取り消されたりしてしまいかねないので依存ということをも想起させるのである。

実施されるのは、まるごと経済的行為であり、金銭的というよりもずっと感情的な経済であり、そこでは自由と時間との関係が賭けられるのである。貯金箱がそこにあるのは、小銭を貯めることを通じて快楽を引き延ばし、豚の貯金箱をお腹いっぱいにできるということを立証するためなのだ。——それは貯金箱を空にする決心をするまでなのだが。あれほど夢見ていたものを自分に与えるために「貯金箱を壊す」ことをしなくてはならない強烈な瞬間なのだ。手に入れるために壊すのか？　そのジレンマはコルネイユの悲劇のようであり、過去に起きた数々の悲劇の繰り返しでもある。母親の胸から解放されるか、とにかくその温もりに止まるか、決まった時間に大便をするか、しないでおくか、ということだ。

子どもは選択をすることに酔いしれることを知っている。どうしようか？　使おうか、節約しようか？　すでに心理学的プロフィールが描かれている。すなわち蟬か蟻か、ただちに味わう快楽か、欠けているという苦悩か？　浪費家の子どもにおいては、（全部すぐに、という）快原理が支配している。ボクはボンボン*を見つけた。それを買って、それを食べるんだ。反対に、半ズボンのアルパゴン〔モリエール『守銭奴』の主人公〕にとっては、蓄積していくことは生きる一つのスタイルになっているのであるが、彼は完全な品物、しまいには宝を手放すに値するような品物を見つける瞬間（それは決して訪れないのであるが）を待っている。手段としての「へそくり」が目的となる。

親たちの側では、問いはまず「どれくらいあげるか」である。そしてとりわけ何のためにそれをするかである？「与えられた」お金が何に使われるのか、すなわち子どもが自分の欲望をどこに位置づけるのかを知ること、これこそ見抜くべき秘訣なのだ。見張りは決して遠くにはいない。自分の子どもに独立という――要求しなくても数々の快楽を味わえる――秘密の花園*を認めてやることは難しい。ボンボンや、「ミッキー新聞」や、ポケモンカードや、究極の独楽《こま》や、誕生日*やお祝い事での両親への贈り物等々。

しかし、母親に貯金するよう言われたとき、「決めるのはボクだ、これはボクのお金だ」とアントワーヌは言うだろう。もし、子どもの快楽が、まさにこの未知の自由から来ているとしたなら、お小遣いの使い方を定めることとは、子どもの決断をあきらめさせることである。しかしそれはまた、子どもから感謝されることをあきらめることでもある。なぜならそれは、多く与えれば与えるほど、満足できなくなるというパラドックスだからである。愛情関係の中で与えられたものは、決してただではない財産なのだ。

お尻たたき、平手打ち　Fessée, gifle

四歳のロマンの両親が、子どもの入眠障害と睡眠障害について心理療法士に相談することになった。これらの障害に加えて、若くて優しさに満ち溢れた両親を悩ませていたのは、しばしばお尻たたきをしてしまうこと、しかも次第に程度がひどくなり、ついには、これ以上は無理なほど、打撃を食らわしていた。しかし、魅力的な坊やは、やすやすと診察室の空間を自分のものとして、心理療法士と遊戯的な関係になり、母親をなおざりにするようになった。心理療法士は、母親が指摘した入眠障害や睡眠障害を静かに見守ってくれる存在であったからだ。その関係は、巨人によるお尻たたきを「改めさせる」ことの代償として、坊やがお気に入りのぬいぐるみを手に入れるまで続いたのである。ロマンの表情には、忘れがたい享楽に満ち溢れた特徴が読み取れた。母親のほうはといえば、隠すことができないほどの恥ずかしさで真っ赤になっていたのだ。

こうしたことを自ら予防するために、スウェーデンでは法律の条文の中にお尻たたきの禁止が加えられた。禁止する必要があるのは、欲望されていることのみである。しかし、（スウェーデン人だけではなく）手がお尻へと向かう衝動には抗いがたいものがある。体罰の地は、至楽の地に接している。体罰というものは多くの教師の役に立っている。教師は体罰をしても、表面的には道徳的なことをしていることになっているが、こっそりと、自分は、快へと、そしてときには愛へと導かれながら、生徒を罰しているのだ。「それより、じつに奇妙なことに、この懲罰は罰を加えた人（ランベルシェ嬢）をいよいよ好きにした[1]」。

お尻は部分的な性源域である。美しい女性とすれ違った後、後ろを振り返る男性のまなざしが注がれる女性の一部がそれを最もうまく示している。顔は全体対象を示し、人物を代表するものであり、心の窓である。平手打ちはその人を叩き侮辱する。お尻が叩かれると、痛みと快が混ざり合って真っ赤になるが、顔を平手打ちされると、恥と、ときには悔しさで真っ赤になるのだ。お尻たたきの記憶は、そのきっかけとなったことがどれほど不快な状況であっても、「よい思い出」の物語に沿う形になっている。一方、平手打ちの「よい思い出」というものはない。ルシーとアメリはどちらも非常に若い摂食障害の女の子で、同じ病棟に入院していた。週末のたびにそれぞれの家族の元で過ごすと、二人ともが、熟達した挑発を巧みにこなして、父親をかっとさせた。彼女たちは、それぞれが、自分の頬の目に見えるほどの痣《あざ》を見せ合うのである。最も自慢できることはマーブル模様が少しでもついていることなのだ。

（1）J.-J. Rousseau, *Confessions*, 1767.〔ルソー『告白』上巻、桑原武夫訳、岩波文庫、一九六五年〕

恐れ（恐怖）　Peurs (phobies)

夜のとばりが下り、部屋*が闇に沈むとき、子どもの頭の隅に潜んでいた恐怖心が頭をもたげる。扉のきしむ音、カーテンの怪しい襞など想像力が一人歩きしてしまう。「君は眼を閉じて見まいとするだろう／車窓の映るあのしかめ面の夕べ夕べの物陰を／黒々とした悪魔や狼などの下賤の輩／恐ろしい凶暴性をおびた者どもを」[1]とランボーは書いている。

小さな子どもたちにおける言い表わしようのない恐怖から、大人における消滅する心配を経て、自らの「無化」へと至る（ウィニコット）。恐れというものは、徐々に、物語の中に見られるような太古的な像として形となっていくのである。森やクローゼットの中では危険が迫り、さまざまな表情を見せる。おばけ*、狼男、魔女などである。現実の危険に反して、自ら進んで引き受けて飼い慣らされた危険もある。「狼がいない間に森の中を散歩しよう。もし狼がいるなら食べられてしまうから！　でも狼がいないから食べられることもないさ！」と子どもたちは、恐れと快に同時に震えながら歌って歩く。ひとたび危険が過ぎ去ると、子どもたちは、恐怖を駆使しながら遊ぶ*ことができるようになる。

人食い鬼はむさぼり食うし、怪物は襲ってくるし、人さらいもやってくる……。このように、欲動のあふれんばかりの不安な激しさが子どもに生じる。しかし、両親においては、同じ激しさが心的生活の中で代理物を獲得していく。恐怖症はここから生じるのだ。つまり、心の内部での脅威が外的世界の恐れの形をなし、ファンタスムがその恐れを状況の客観的評価の上に置いてしまうのである。ハンスの馬に噛まれるという恐怖[2]や、アルパッド青年のニワトリに突かれるという恐怖[3]などは、非合理なものである。「僕等が抱いている恐怖に価するような妖怪（モンスター）はきわめて稀にしかない[4]」。恐怖の対象となった動物はトーテム的な価値を帯びる（フロイト）。これらの動物は、あらゆる子どもがその発達において実行したいと望んでいるエディプス的な罪（近親相姦や殺害など）に関して、父親的で、禁止を導き、処罰を与える像へと置き換えられるのである。

（1）A. Rimbaud, Rêve pour l'hivert, 1870.〔ランボー「冬を夢見て」『ランボー全詩集』宇佐美斉訳、ちくま文庫、一九九六年〕
（2）S. Freud, *Le Petit Hans*, Puf, 2010.〔フロイト「症例『ハンス』」『フロイト全集10』総田純次訳、岩波書店、二〇〇八年〕
（3）S. Ferenczi, *Un petit homme-coq*, Payot, 2012.
（4）A. Gide, *Les Nouvelles Nourritures*, Gallimard, 1942.〔ジッド『新しき糧』堀口大學訳、第一書房、一九四一年〕

おちんちん（ジジ、ジゼット） Zizi, zézette

タブーの影響をまったく受けない他のあらゆる身体を表わす言葉とは違い、子どもの言語で性器を示す言葉は、両親の検閲を受ける。子どもが大人になって個人の記憶の中から想起されるのは、親たちが自らの経験や想像の産物による内輪の語彙一式を自分の子どもたちへと受け継がせることによるのである。音の重なりは、語がもたらす性的なニュアンスはないはずであるというその言葉の幼児的性質を示している。ジジ、ジゼットは他の語に比べて普及している。「ジジ」は普通は男性のものである。それは、ピエール・ペレが「キミたちはジジについていずれすべてを知ることになるだろう」と空約束をして、激しく興奮し「十分な力を有している傑物」という滑稽な描写へと力を注ぐとても有名なシャンソンにおいてよく表われている。女性については、ジゼットやレネット、ついでに挙げればフフネットやペペットなどのように接尾辞「ette」を体系的に付け加えるのであるが、それらは、男の子が「fait-pipi おしっこする」のに対し、「pissette（女の子が）おしっこする」という最も退行した表現で小さいサイズのものを表わしているのである。さらに、エロティックでポルノグラフィックな連想を導く危険を冒して接尾辞を取ってしまう人に注意しなければならない。ミネットという言葉は、学校の休み時間*で話される言葉というよりは成人向け映画などで登場するいわゆる「ミヌー」や「フフーヌ」などのような言葉をさらに婉曲に表現した言葉である。「ケケット（ちんちん）」という言葉についてはもう一つの矮小化を表わしている。それは、父親を前にした男の子のものの矮小化、つまり、息子のものの矮小化、夫のものを小さくしたものであると言える。しかし、ジジやジゼット（おちんちん）という言葉がピピ（おしっこ）やカカ（うんち）と同じ位、面白くわくわくさせるのは、それはもはや男女共通の言葉ではないからである。ジジやジゼットという言葉は、男女の差異についてきちんと示している。それは、つまり、フェミニストのイデオロギーによって強く奨励される「性的な」言葉では取り逃がされてしまう差異である。それに対して、すべての子どもたちは「男の子はセックス〔男性器〕を持っていて、女の子はセクシー〔女性器〕を持っている」と言うことができる。男女の間に違いはあるのだろうか。もちろん、ない。確かにセックス〔性別、性器〕という言葉はほとんど使用されないが、性別を決定せず、男女の区別のない天使の性別について語るときは別である。しかし、子どもたちは互いに比較する。それが好奇心のごく早期の原動力となる。フロイトが初期に言っていたように、子どもが自分はどのように作られたのかを弟と比較するか、あるいは、フロイトが後に言っていたように、性器は自分のもの一つしかないと確信することで、自分の立場が弟に置き換わってしまう危険を食い止めようとする好奇心である。女の子の場合は、ずっと後、場合によっては自分たちも子どもで、ジジ〔おちんちん〕を持つことでジジがないことの埋め合わせをするようになるのである。

鬼、魔法使い Ogre, sorcière

「おお。生クリームの匂いがするぞ！」と鬼の真似をしてマリーは叫んだ。子どもというのは恐れ*と欲望の言葉を使って遊ぶものである。

鬼や魔女の物語で食べることが話題になっている場合には、乳児の貪欲さを用いているのである。それは、こうした強欲さに対して理性的な制限をして現実が対抗する以前の物語である。

ヘンゼルとグレーテルはパンデピス〔蜂蜜入りの香料パン〕でできた家を見つけて大喜びであった。それは、そこに住む魔法使いのご馳走の準備だとは自覚していなかったのである。親指小僧に出てくる鬼は子どもたちを食べようとした。しかしながら、すべてを食べ尽くすこと（何でも口に入れてしまう子どもの行為）と愛撫などによってまるごと食べられてしまうこと（食べてしまいたいくらい可愛い！）の間には単純に立場が逆転するだけではない。鬼のカニバリスム的貪欲さの背景には——その神話の原型には自分の子どもたちをむさぼり尽くしてしまうクロノスがいる——潜在的に脅威でありながらまた望まれてもいる巨人たち、つまり、父と母のやりとりが子どもに引き起こすあらゆる過剰さというものが隠されているのである。「魔王」とは、激しくもありまた恐ろしくもあるその過剰さの具現化なのである。「（魔王）われをそそりつ汝が姿。いま力もてひきゆかん！（子）おお父　われは捕えらる！　魔王はわれをさいなめり！」[1]

鬼や魔法使いのイメージは、食べたり食べられたりということが極端な愛と憎しみを隠蔽していることを連想させてくれる。愛する対象を所有する最も確かな方法はそれを破壊してしまう危険を冒してまで呑み込んでしまうことであるし、また、愛する対象を目の中に入れてしまうこともまなざしの向こう側に触れることになるからである。

鬼はたいていの場合は男性であるが、魔女はその女性としての対称物というわけではない。魔女のほうには多くの側面が凝縮しているからである。魔女は子どもたちをむさぼり食い邪悪な力をほしいままにしているが、そこに体現されているのは、（欲求不満の状態にある）悪い母親であると同時に、人生のさまざまな事柄について特別よく知っているという羨望されかつ神秘的な側面なのである（魔術的な立場も子どもを作るのに役に立っているのだろうか？）。魔女は、良いものを悪いものに変えてしまうことができるが、反対に、その醜いマスクの下には王女の側面が隠されている。ミシェル・オスロ監督が着想を得たアフリカの物語〔『キリクと魔女』〕では、主人公キリクは魔女カラバに立ち向かいそして解放する。カラバは人間たちに背中に毒のトゲを打ち込まれてから魔女になってしまったのである。「魔女とは痛めつけられた妖精である」(2)。

鬼や魔女は、はるか昔から、変わらぬ姿で登場し、民衆の妖精物語が口伝によって、恐ろしい特徴を持つことになったが、その結果、子どもの興味を強く引き、恐れに立ち向かう機会を子どもに与えることになった。「魔法使いのおばあさん、魔法使いのおばあさん、用心おしよ、おまえのお尻!」(3)

(1) J. W. von Goethe, *Le Roi des Aulnes*, 1782.〔ゲーテ「魔王」『ゲーテ詩集第二巻』竹山道雄訳、岩波文庫、一九五三年〕

(2) K. M. Briggs, *Abbey Lubbers, Banshees, & Boggarts : an Illustrated Encyclopedia of Fairies*, Pantheon books, 1979.

(3) P. Gripari, *Les Contes de la rue Broca*, Éditions de la Table ronde, 1967.〔グリパリ『木曜日はあそびの日』金川光夫訳、岩波少年文庫、一九七八年〕

おねしょ　Pipi au lit

あらゆる予防策を講じても無駄である。幼児は夜におねしょをし、さらに窮地におちいる。「困ったさんをするのね」、とママは言う。「動物でもおねしょなんかしないのに」。九歳の子どもはばつの悪そうな顔をしている。こらえることのできなかった恥ずかしさと、布団にくっきりと浮かび上がった染みが、恥の上塗りをして、それによってお漏らしという行為が秘密*の位置に置かれることになる。家族全体の秘密である。それは、両親や、望ましからぬ結果の始末に強制的に参加させられた人びとの両価的な寛容さを刺激する秘密である。遠足のときやパジャマパーティなどに招かれたときにお漏らしするかもしれないという恐れは、不安の源泉であり、一度夜に漏らしてしまった子どもが感じる無力さを強めもする。おねしょは、悪夢*と同様、制御不能であり、何年も続くことがある。ジャン＝ジャック・ルソーは、ほとんど生涯にわたっておねしょに悩んでいたと告白している。おねしょの責任を、現代人の生活の慌ただしさに帰することはできない。古代エジプトにおいても見られていたように、おねしょは、いつでもどこでも存在していたのである。ベッドの秘密、睡眠の秘密、抑えがたい興奮の秘密の観点からすれば、おねしょをする行為は、逆説的なことに、力を備えた行為なのである。その行為は、退行的な側面のおかげで——赤ちゃんのような振る舞いなのだから——それだけいっそう、性的な性質の隠蔽を成し遂げてしまう。子どもは、思春期の夢精つまり思春期の欲望を時として際立たせる貴重な精液による染みとは違って、汚していることでは変わりはないのに、同じ尿道を通って排出されるが生殖とは関係のないこの「汚い」液体で満足しているはずである。しかし、夢では逆になっている。フロイトも言うように[1]、夢の中では、子どもの場合、無意識的な性的興奮に他ならないような火事を消すために放水するからである。

（1）S. Freud, « Sur la prise de possession du feu », *Résultats, Idées, Problèmes*, in *OCF/P*, vol. XIX, Puf, 2004.
〔フロイト「火の獲得について」『フロイト全集20』高田珠樹訳、岩波書店、二〇一一年〕

お話しを聞かせて
Raconte-moi une histoire

お風呂*に入って夕食を済ませ、パジャマに着替えて歯磨きを終えると、おやすみのキスをして眠りにつく前の最後の儀式として、「お話しを聞かせて！」というものがある。『親指小僧』『ぞうのこども』などの話によって、自分を、巨大な怪物の棲む世界の端や、天空の町、奇想天外な国、魔法使いの国へと連れて行くようにせがむのだ。それは、「何もかもが新しく、好奇心で満ち溢れた世界」なのである。自分をみにくいアヒルの子と一緒に出発させ、朝になってお日様がきらめき草木が一面と色づくのをじっと待たせてほしいと言うのである。家族の中で何度も何度も繰り返されている話であろうと、あるいは新しく発見された話であろうと、本で読んだ話であろうと、作り話であろうと、ボクを明け方まで一緒に連れて行ってよ、というわけなのである。誰か話をしている人さえいれば、まだ日は暮れていないのである。恐怖*のお話だってかまわない、クローゼットの中に悪夢*があると書いてある本が、悪夢自体を抑制して、クローゼットの中の悪夢を追い払ってしまうからである。恐怖を作っている物語の中の恐怖は本当の恐怖ではなく、単なる楽しむための滑稽な恐怖であり、タショーチェク(1)が父に話をせがむ恐怖である。子どもが目を閉じて、声が遠ざかり、そっとその場から立ち去り、扉を半開きにして、いよいよ解放され逃げ切ることができたと大人は信じている。もっと*ではなく、ダメ*。大人はまだ立ち去ることはできない。ボクはまた恐くなるかも。約束*してくれたよね。見捨てたりこっそり裏切ることはもっとひどいことだよ。もっとお話ししてよ。もう一章でも。もう一ページでも。もう少しここにいて。ボクの耳に体の温もりや声の存在を残しておいてほしい。暗闇に消えないで。もし消えるときはそっと消えて。お話を読んでくれる大人なしではいられないんだ。

やがて、一人で静かに読む能力が子どもに与えられる。それでも大人は子どもにお話を聞かせるのか？　子どもは交渉を始める。一章ごととか一ページごとに交替で読もうと交渉するのだ。最終的に声に出すことはなくなり、声そのものが無駄になってしまうのである。本を征服した子どもは支配ができるようになる、つまり、征服者として眠りの国に立ち向かうことができるようになる。実存への道が開かれる。マックスやかいじゅう〔モーリス・センダックの絵本『かいじゅうたちのいるところ』に登場する。原題は *Where the Wild Things Are*〕になること、親指小僧や巨人になること、お日様や草木になること、その他の好きな何にでも、もっとなることができるのだ！

「本を読むことを覚えると、まだ知識のない自分をすべてから自由にしてくれる」とスタンダールは書いている。

（1）N. Sarraute, *Enfance*, Gallimard, 1983.〔サロート『幼年時代』〕

おやつ、味わうこと　Goûter

おやつとは、子どもにおける習慣である。幼稚園の前で待っていれば、どの教室の出口からも、ベビーシッターや親からもらえる砂糖菓子へと大急ぎで走っていく子どもたちの姿を見ることができる。もう読者は気づいているかもしれないが、おやつとは、ただの栄養補給という目的を持っているのではない。もっと心地よい機能を果たしているのだ。それは、一日十分頑張ったことに対するご褒美という機能なのである。純粋に食べ物好きな人というのは、子どもでも大人でも、必ず退行的な何ものかを含み持っている。

おやつは、幼少期に特有のものであり、乳児の哺乳瓶が遷延したものや、大人の規則性への移行として考えられることがあるとはいっても、それがときとして生涯続くことがあり、記憶の中でも食べ物の記憶は鮮明になっていることもあるほどである。プルーストの有名なマドレーヌは、幼少期のお菓子、つまり「甘さ」と同義の言葉に対する大人のノスタルジーの象徴になっている。「しかし、お菓子のかけらのまじった一口の紅茶が、口蓋にふれた瞬間に、私は身ぶるいした、私のなかに起こっている異常なことに気がついて。素晴らしい快感が私を襲ったのであった、孤立した、原因のわからない快感である。(中略)一体どこから私にやってくることができたのか、この力強いよろこびは?それは紅茶とお菓子との味につながっている、しかしそんな味を無限に超えている、したがっておなじ性質のものであるはずはない、と私は感じるのであった[1]」。

おやつの慣習は二重性を持っている。一つは田舎に見られる慣習であり、畑での重労働の後のおやつである。しかし、もう一方で、上流社会の大人たちが互いに招待し合う茶話会のようなおやつの慣習もある。『ソフィーの不幸』のヒロインは、大人の真似をするために、おままごとのお茶会に友達たちを招待した。大人たちの作りあげてきた物語の中では、子どもたちはどんな砂糖菓子でもつねに食べる状態にある。グリム童話の中で、ヘンゼルとグレーテルは、まるごと砂糖菓子でできたパンデピスの虜になっていた。彼らは、何に気をつければよいのかその根本原則を忘れてしまい、パンデピスのかけらを食べようとする誘惑に駆られ、魔法使いの手に渡ってしまうのである。

「おやつ」という言葉は、「味（goût）」が語源であり、文字通りの意味をなしている。というのも、子どもたちの好むおやつというのは、一般的に、甘い味のおやつだからである。実際、子どもたちにとって甘いもの（イギリスの王室の午後のお茶のように、キュウリのカナッペなどは子どものおやつとしてはきわめて稀であろう）とは、しばしばチョコレートになってしまっている。チョコレートをペースト状にしたものにしたものがおやつとして流行しているのは、子どもよりもむしろ大人たちが、自分たちがしばしば依存しているそのおやつに幼少期の味を見いだしているからである。おやつとは食べ物好きの時間そのものである。そこに見いだされる口唇的満足は幼少期のセクシュアリティと密接に結びついていて、**gâterie** という言葉に「甘やかし」と「甘いもの」という二重の意味があるのはその口唇的満足のためである。ちょうど恋人を愛撫で「喜ばす（gâter）」のと同じように、砂糖菓子は子どもを「甘やかす（gâter）」のである。

（1）M. Proust, *Du côté de chez Swann*, *op. cit.*〔プルースト「スワン家のほうへ」『失われた時を求めて1』井上究一郎訳、筑摩書房、一九九二年〕

親指、おしゃぶり　Pouce, Tétine

四歳半のフレッドには妹がいる。「赤ちゃんは少し馬鹿みたいだ。おしゃぶりを食べちゃうし。でも食べるところなんかないよ……。どうして*あんなので満足できるんだろう。馬鹿なのかな？　赤ちゃんはわかっていないんだ」。おしゃぶりする行為は食べる行為ではない。だが、「ちゅうちゅうする」という言葉は、食べるふりをするのと同時に、栄養を取るという行為を示す役割を果たしている。絶え間なく吸うことの快感によって「ちゅうちゅう」の快を繰り返すと同時に、先取りもしている。というのも、生後四か月以降、授乳は親指をしゃぶることで代用されるからである（フランスでは（日本と異なり）四か月以内で授乳を終えるのが一般的）。吸う行為は、ママや乳房やミルクがなくても、不在の何かを生み出すのである。見えるものすべてを吸い、リズミカルに吸う。シーツの端っこでもいいし、ぬいぐるみ*の耳でも、親指でも、もちろんその代用品でもよい。赤ちゃんにとっても、両親にとっても、ゴム製の本物の指輪は、神聖なおしゃぶりなのである。やがて、親指やおしゃぶりに満足できなくなると、おしゃぶりする行為には、指を噛む行為や、つまり、鼻や耳を撫でたり、髪を束に撚ったりする癖が伴うようになる。親指かおしゃぶりか。この「実存的」ジレンマは、現代の育児学で好んで取り上げられる。いくつかの合理的な論証を背景にして、大人たち自身の（性的な）ファンタスムの尺度で、どちらになるかが明らかにされていく。依存に対する一般的な心配や、さらには、歯が変形するのでないかという、より事実に即して強められる不安が、おしゃぶり反対派と賛成派の対立を煽っているのだ。そこで忘れられているのは、常軌を逸した快楽の側でより強くなるいわゆる「ちょっとした慰みもの」であるという真の本質と、さらには、自律しているという本質である。というのも、子どもはおしゃぶりによって両親の支配をたちまち逃れてしまうからである。おしゃぶりが成功するかどうかは人間工学の問題ではない。おしゃぶりは、親指とは違って、対象を消失させることで依存をなくさせようとする両親のコントロールを可能にするのである。こうして、「悪癖」との戦いで英雄的な勝利を得るために苦労してきた少女は、両親がおしゃぶりを自分に与えてくれなかったことを後悔する。そして、靴下を手に眠り、おしゃぶりする「快楽的」な熱中を断念できず、やがてタバコや、飲んだり、話したりという、将来において熱中するものへと続くのだ。それはつまり、ゲンスブールが無邪気さを装った歌、「アニーとボンボン」[1]で歌われているような熱中するものである。

（1）S. Gainsbourg, « Les sucettes », 1966.〔「アニーとボンボン」〕。

過活動の　Hyperactif

一九七〇年代に流行した形容詞に、「抑制された」というものがあった。当時、子どもは押さえつけられた存在であってはならなかったのである。禁止することとしか知らない悪しき親や教育者にとっては、こうしたことはあえて見逃していたのである。一九六八年の五月に掲げられたスローガンに「禁止することを禁止する」というロジカルな言葉があった。ところが今日では、親にとって最悪なことは反対に「過活動であること」になってしまったのである。だが、積極的な親たちの活動やイメージによって過度に刺激を受けた子どもと「過活動の子ども」とは何の関係もない。政府の指針の中には、学校*に行きすぎたり、宿題*をやりすぎたり、サッカーをやりすぎたり、タップダンスをしすぎたり、音楽を楽しみすぎたり、ダンスをしすぎたり、演劇をやりすぎたり、誕生日*のケーキを食べ過ぎたりする子どもについては言及がない。こうした子どもは、文化や芸術、スポーツなどにつねに接していて、飽くことを知らず、親たちが刺激を与える生活を生きる準備は万端なのである。

しかし、実際には、形容詞が名詞化している「過活動の子ども」は、うまく実生活を楽しむことができず、あふれんばかりの欲動エネルギーに過度に苦しめられ、自信を持ったり、満足したり、自らを昇華させる術を知らない。こうした子どもは、いつでもどこでも、自らに「ダメ」*ということができずに、また、大人による「ダメ」にも意味を持たせることもできずに、エネルギーの放出ばかりしているのである。もし、この過活動の子どもが王様としての子どもを*引き継いでいるなら、彼らこそ王様としての子どもを戯画化した存在になってしまっていて、欲望をきちんと言葉で表わすよりも前に、それに身を任せてしまおうとする専制君主に類似した存在である。彼らにはよく欲望をきちんと言葉で表わす時間などないからである。

しかし、こうした子どもの存在も、時代を正確に表わしているのではないだろうか。というのも、今の時代は、「過度（hyper）」でなければすべて「優良（super）」であると考えてしまう、社会の解決しがたい矛盾の中に捉えられているからである。ありがたいことにその障害は化学的に接近可能になり、こうした子どもは薬を飲めば他の大勢と同じように学校へ戻ることができ、教師も燃え尽きてしまうことなく子どもを扱うことができるようになるのである。

だがそれは、子どもに対して「ダメ」に意味を与えうる方法とはならず、倦怠（退屈）*の喜びを伝えることもできないのである。フロイトが言うように、子どもが倦怠の状態になり、思考が受動的な仕方でさまよい始め、幻想に浸るために遊びをやめるようになる時間は何ものにも代えがたい時間なのである。

鏡

Miroir

アドーニスは、友達とお気に入りのゲームをしていると、その友達がとても影響されやすく、伝染しやすいことに気がついた。友達に自分を見てもらうには、自分が友達を見ているだけでよい。友達が同じ興味で即座に惹きつけられているのを見るには、自分がこの友達のびっくりした表情に驚き好奇心を駆り立てられていればよい。アドーニスは同じように、近づく仕草や呼びかけの合図を自らするようなことはしない。アドーニスにとっては、友達の特別に奇妙な表情に十分触れているように思われるが、興味深いことに、友達と接触できるのは境界をなす表面においてである。このような友達とは何者であるのだろうか。アドーニスは、やがて、大人たちの言葉によって、遠くて近い友達が鏡の中の映し、自身の像、反映にすぎないことを知ることになる。そしてアドーニス自身も、知らない他者としての自分に出会うのだ。「ママ、ボクがボクであるなんてすてきなことだね」。この幼児語は——後から振り返って考えれば——「鏡像段階」(ラカン)のように自身の像を発見し認識して勝ち誇った喜びを示しているのである。しかし、生後二年ほどの間になされたこのような体験は、光学の装置という物質的現実や知覚の過程に限定されるものではなくなっていく。それは、鏡というものが、見えているものの先を見せてくれるということである。ほとんど動きがない身体と、境界が不鮮明な精神を持った人間が鏡に見いだされる。さらに、鏡には全体的で統合的な像、つまり、それぞれが独立して全体をなす存在、つまり、「個人(不–可分なもの)」がすでに映し出されているのだ。先行する時間、先取りする心像を有することで、反射面が「ボク*」の中からその創設的誘惑を引き出すのである。鏡は愛する母のまなざしに似ている。母親の表情、つまり、あらゆる鏡のうちの最初の鏡の中に赤ちゃん*が見ているのは自分自身なのである（ウィニコット）。

しかし、鏡にはもう一つの面がある。それは赤ん坊閣下を喜びよりも幻滅へと至らせる面である。「それはボクだ……。ボクでしかないんだ！」「私が見ているものすべてが私をみている（ガストン・バシュラール）[1]」時代にも終わりがやって来るのか？　しかし、それは恐らく決定的な終わりではない。「鏡よ、鏡よ、ワタシの鏡さん」という白雪姫ごっこや、にらめっこ、変装ごっこなどは、表情や顔つきを豊かにすると同時に、「自身」の同一性を楽しみつつ狂わせてしまうものなのである。

（1）J. Lescure, *Introduction à la poétique de Bachelard*, Denoël, 1965 の引用。

かくれんぼ　Cache-cache

「隠れることは一つの快楽である。見つけられないことは一つの大失敗なのである[1]」。休み時間*の校庭での話はこんなふうに好き勝手に語られる。「ロッカーの中で死体が見つかったが、それは誰か？……かくれんぼで勝った誰かだ」。

あらゆる遊び*と同様、かくれんぼは外傷予防的な特質を帯びている。なぜならそれは、子どもにまず受動的に堪え忍んだということを能動的に制御することを可能にするからである。そのかくれんぼ遊びで得られる快楽は、大部分は、根本的に不安の中でこうむった状況の行為者であるという感情にある。夜、子どもの寝室*を離れる母親と、学校*の通学路の角で方向を変える父親……。「失うということは、何よりも見失うということである[2]」。別離と消滅の間で不在は、構成されて、耐えられるために愛する対象の永続性が保証されることを要求する。子どもは、立ち去った母親と現実においてまた会えることを期待しながら、彼女を心の中に呼びよせる。

一人が数え、その間、他の者たちが隠れる――隠れることはつねに最も興奮させることである。子どもは、自分自身の消滅を演出しながら、（探されるという）欲望の対象となる快楽を味わうと同時に、（見つけられないという）不安で遊ぶ。おそらく、その遊びで遊ぶ*ことができるためには、望まれ*ていることを確信する必要があるのだ。

「その遊びがあまりに長く続くときには、隠れている子は自分を探している子を助ける。あまり長く姿を消すべきではないし、あまり遠くまでいくべきではない。また、こっそりと立ち去るという可能性につきまとわれている遊びでもある。反則は消えることで、誰も見つけることができない場所を発見することである[3]」。かくれんぼ遊びは、秘密*の権利、すなわち、自分が他人から不在になることや、自分の考えを守るという可能性に結びついている。黙るということは、隠れる方法の一つなのである。

「わたしは彼の後ろの壁をそっとよじ登り、彼の目に両手を置くのが好きだ……
――わたしが誰か当ててごらん……
――それはキミだと分かるよ、可愛いいたずら娘さん……[4]」

かくれんぼ遊びは、本質的な何かに触れているので、数えきれないほどのヴァージョンを持っている。「ここだよ。誰がそこにいるの？（いないいないばあ）」と自分の顔を手で隠し、次にその陰から顔を現わしながら、母親は大喜びの赤ちゃんと遊ぶ。*後になって、幼い観客と遊ぶマリオネットの小さな劇場の装置は、舞台上の登場人物を出現させたり、姿を消させたりすることで、全面的に知覚を制御する唯一人の者であるという錯覚を子どもに与えるであろう。（背後の憲兵に気づかない指人形に、子どもたちは大喜びして、「後ろだよ！」と叫び声を上げる）。やがて大人の年齢になるとストリップショーの技術はこの遊びと同じ快びを思い出させる。隠すことと露わにすること。よく見つけてもらうために隠れること……。

（1）D.W. Winnicott, *Processus de maturation chez l'enfant*, Payot, 1970, p.170.
（2）J.-B. Pontalis, *Perdre de vue*, Gallimard, 1988.
（3）A. Phillips, *La Boîte de Houdini, L'art de s'échapper*, Payot, 2005.
（4）N. Sarraute, *Enfance, op. cit.*

家族 Familles

レオは言う。「お母さん？　お母さんのことはすでに知っている。お父さん？　お父さんのことをを知るには試してみなければならない。たとえば馬鹿なことをする。するとお父さんは怒る。お父さんは厳しいことがわかる」。自分がそこに属する一員として認められるまでは、子どもにとって、家族とは、初めて探検する一つの「主観的な環境」である。最も親しい人（母親）から、なじみのない人（父親、姉妹など）へと行き来しながら、学校*、町、という風に最初の集団から次第に広い全体へと、子どもは自分の個人的で社会的なアイデンティティを確立する。

もし家族が、共同生活を学ぶ社会化の最初の場所となるなら、家庭は特別な葛藤（対立、結束、誠実さを争点にすることなど）の空間でもある。「ある家庭の五人の子どもにとっては、五通りの家庭がある」[1]。

子どもの好奇心は、両親の出会いや諸々の起源へと向けられている。ボクはどこから来たのか？　すべての関係に備わっているという失望から、子どもはある神話的な祖先の再構成であるファミリーロマンスに行き着く。海賊の息子か王の娘である子どもは、自分の平凡な両親からそのようにして逃れる。分別盛り*の頃の子どもの系統樹に対する関心は、一つの歴史に自分を刻み、一つの家系の一部をなすために、子どもの全能をあきらめたいという欲求を立証している。

今日、家族はその範囲を限定するのが難しい。家族というものを、血縁関係によって結びつけられた人びとの集団と定義することは、もはや今日のその関係の複雑さを説明するのに十分ではない。核家族はもはや主流を占めるモデルではなく、いわゆる「複合」家族が、いくつもの世代といくつもの血縁関係がそこで見いだされるような、さらに伝統的なある組織（拡張された家族）と合流する。かつて父親に従っていた家庭は変化し変幻自在になって、考案され続けている。以前は二人の両親と数人の子どもだった。今日では、ときに一人の子に四人の親、義理の両親、同性愛のカップル、いろいろと入り組んだ組み合わせの兄弟姉妹がある。

「家族よ、私はあなた方を憎む」。「閉じられた家庭、再び閉じられたドア、幸福の嫉妬深い所有[2]」。この間まで、社会において閉じられそして軽蔑されていた家族は、今日は不安な外部に対する避難所として求められるようになっている。つまり、つねに安全に守ってくれるべき *Home sweet home*（我が家にいてほっとするもの）が、最たるものの代わり、そして母体や母のお腹というより確かな避難所の弱々しい代わりになっているのである。

（1）D. Winnicott, *Conversation ordinaire*, Gallimard, coll. « Folio », 1988, p.191.
（2）A. Gide, *Les Nourritures terrestres*, Gallimard, 1897.〔ジッド『地の糧』〕

学校／学ぶ　École/apprendre

一五七六年にモンテーニュは、メダルに「私は何を知っているというのか？（ク・セ・ジュ）」と刻ませた。疑うことへの賛辞であるこの標語が、「よくできた頭」よりも「いっぱいに詰まった頭」のほうを好むように思われる現代の学校の正面に掲げられているのは、まったく非常識に思われるかもしれない――「いっぱいに詰まった頭」が「よくできた頭」の条件ではなく、そして少しも損なわれることのない、このすばらしい最初の促成栽培を必要としないのであれば。学校は、確実性を強要するが、そこにはそれらを強要しなければならないという確実性も含まれ、それぞれの子どもに学ぶことを義務づける。そして、フィリップ・メリュの表現を繰り返すなら、「何者も個人に学ぶよう強いることはできない」のだとしたなら、人が何と言おうとそれを試みることは誤りではない。しかし、学校を讃える歌が稀であるほど、学校というものは数々の思い出を残している。まさに反対に、「喜びが訪れる」（シェイラ）ために学校を去ることや、学校を作り出したとされている「シャルルマーニュ大王」（フランス・ギャル）に罵声を浴びせることや、先生とその教育法を激しく非難すること、先生に「違う*」と言って「黒板①」を消すことや、学ぶことを茶化したり、あるいは、完全に従属して「言葉にするよりもそらんじる」ほうが容易で、おまけに「暗記」が必要とされる有名な九九の例の表を茶化すことは問題である。詩や、ピノキオの魔法の島の果てしない快楽が始まるのは、「学校を卒業したとき」である。（ただし「ピノキオのように」ボンボン*を食べながらメリーゴーラウンドを回り続けるなら、ロバになるであろう）。力強いが、かけがえのない強制的なものが交錯した学校は、――子どもたちの生活の中心なのだが――教え、禁止し、躾、鍛え、訓練し、初期化し《リセット》（formater）、欲求不満にさせるが向上させもするなど、巨大な疲れを知らない装置である。そして、文明の進歩に貢献する、理想のサービスによる、理想のサービスのための文明化装置でもある。「学校の扉を開く者は牢獄を閉ざす」とヴィクトル・ユゴーは書いた。彼自身、直接的で即座の満足をあきらめるという困難な道を駆け巡ることで、それを実行した。子どもを興奮させる関心事から方向転換させ、世界への参入を強要することで、学校は、一次的な欲動の権利要求に対するこの根源的な戦いに専念するのである。そこでの戦いは、見かけより無垢なものとなることで、自らの強度を何も失わない子どもたちの「知る欲動」（フロイト）を起源とする子どもたちの強い性的好奇心によって密かに助けられている。その戦いは、ジャン＝ジャック・ルソーの『エミール』（一七六二年）における自然主義者的概念とはほど遠い、ホメロスのようで、妥協のない正面からのものである。なぜなら学校は、両親と同様に、満足いくものではないが、欠かせないものだからだ。そして両親におけると同様に私たちはそれに多くを負っているが、すべてではないのである。

（1）J. Prévert, «Le Cancre», *Paroles*, Éditions du Point du jour, 1945.〔プレヴェール「劣等生」『プレヴェール詩集』小笠原豊樹訳、岩波文庫、二〇一七年〕

悲しみ　Chagrin

一人の少女が自分の風船を放し、それが空へ舞いあがり、ずっと少女から離れ、果てへと消え去っていくのを眺める。その悲しみは計り知れず、母親は少女を腕の中に抱きしめ、風船は、他のがあるだろう、あれは天国に旅立った……どうすることもできないと説明する。そしてそれでも数分後には、すっかり忘れてメリーゴーラウンドに乗って大きな声で笑う少女がいる。「子どもの悲しみと朝露は続かない[1]」。

悲しみは、それを経験した瞬間には、たとえそれがある日の風船であっても、愛の対象の決定的な喪失に相応で、乗り越えられないように思われる*。しかし慰めのない悲しみはない。母親に慰められることは、何にも増して失われる恐れがあるということである。だから、他のものを利用するために一方を演じるのだ*。

「彼は大きな悲しみを抱いているが、それは大したことではない」。大人は子どもが感じていることを過小評価しすぎる。それは一時的なものだという口実で、大人は悲しみの強さを認めない。子どもは役に立たなくなった対象と自分を慰めてくれる人の両腕を失うという二重の喪失に直面して、理解されない自分の悲しみを抱え、ひとりぼっちになる。「人に残りの人生の間、ぬぐい去りがたい人間嫌いの色調を残す幼少期の悲しみ(2)」。

『失われた時を求めて』の最初の何ページかにおけるマルセルの悲しみは、寝るのに母親から離れるときには果てしないが、彼女が彼にキスをしに上がってくるときには何と幸せなことであろう。愛情生活にリズムを与えるのは別離と再会の間の往復運動である。より流布しており、より一般的な感情である悲しみ（tristesse）とは反対に、悲しみ（chagrin）はつねに誰か何かに結びついている。幼少期に結びついている語であるそれは、より後の「失恋（chagrin d'amour）」のときに力強さを再発見するであろう。愛の対象はつねに失われるおそれがある。

（1）Gerge Sand, *François le Champi*, 1850.〔サンド『棄子のフランソワ』長塚隆二訳、角川文庫、一九五二年〕

（2）A. de Vigny, *Journal d'un poète*, 1867.〔ヴィニイ『詩人の日記』小林龍雄訳、白水社、一九三八年〕

気まぐれ Caprice

「ボクを揺すっておくれ、さもないと泣いちゃうよ」。このようにマルセル坊や（四歳）は母親の忍耐力に挑戦していた。調子は以下のとおりである。大人の秩序を子どものそれに従わせようとする脅しの調子である。それは、ただちになされる。というのは、気まぐれは、期待について何も知りたくはないし、さらにはむなしさについても知りたくはないからである。快原理の熱狂を示す語である「気まぐれ」は、欲望の時間性を知らない。独裁的な、彼の論理は次のように要約され得るであろう。すぐにボクにボクが要求するものを与えよ。さもなければ、お前は耐えがたい十五分を過ごすはめになるだろう、と。それは、ボクが——激しく泣き、わめき、地団駄を踏み、すさまじく怒り狂い——単にお前は耐えられないだけでなく、お前は公の前で恥をさらすであろう事態である。みんなお前がひどい親であることが分かるだろう。この挑戦により、大人の「ダメ*（否）」の諸々の限界が試される。大人はこの気まぐれの抑止に屈してしまうのだろうか？　まったく他者に自分が依存するような、自分の権利の及ぶ範囲を探る、要求の威嚇的態度を表明する気まぐれは、同時に、子どもにとって自分が世界の中心ではないというつらい意識化に呼応する。受け身の無能さによるフラストレーションの体験は、そのとき服従しない反抗へと変わる。一方、泣き真似へと転じてしまう、さほど腹立たしくない別の形態もある。この関係の横暴のもう一方の側面は、子どものすべての欲望に対し侮蔑的な判断を下すために、大人が「気まぐれ」という不当な呼称に執着することである。それらの二つの意味において、気まぐれは他人を支配しようとする意志を意味している。そして往々にして、親の気まぐれな濫用に苦しむのは、子どもなのである。「安心しろ、ビュリュス、いかに無能な真似をされようと、母上だ、勝手な気紛れ、目をつぶっておく(1)」。その子どもがネロであることを知れば、その結末はおわかりだろう。

十八世紀に生まれ、「山羊」を表わす *capra* という、予期しない山羊の跳躍を想起させる語から派生し、「恐怖による震え、思い立つこと、突然で思慮のない意志」という意味のイタリア語 *capriccio* から借用した気まぐれという語は、移り気の態度から生まれた。芸術の領域では、それは芸術家がアカデミックな体制の規準に従わないで、瞬間的な自分の霊感に従った手近な産出を示していた。「われわれの欲望は無秩序である」ということを思い起こすなら、それは理性の支配力より勝る情熱の支配力、文明化を促進する秩序に勝る欲動の運動の支配力を表わしている。

(1) **Racine**, *Britannicus*, 1669.〔ラシーヌ「ブリタニキュス」『ブリタニキュス・ベレニス』渡辺守章訳、岩波文庫、二〇〇八年〕

キミはもうワタシ(ボク)の友達じゃない! T'es plus ma copine (mon copain)!

すべては託児所から始まる。ある女の子は泣いている子にぬいぐるみをあげたり、突然注目を集める別の子の遊びを真似しようとする。家族に対して、ときには家族に反して、これらの最初の紐帯のネットワークが、自己や他性の意識による把持における原初的な役割を果たすのである。しばしば同性の男友達や女友達が自身の分身を作りだしている。それは、敬愛する人であり、似ていたいと思う人、つまり、共犯となる人であるが、励まし合い、孤独の不安から守ってくれる人である。両親と離ればなれになることに、どうやって耐えるのか? あるいは、この「一緒にいる」ことに根源的な快楽を持たないまま集団性が強制されることに、どうやって耐えるのか？　子どもたちの年齢が低ければ低いほど、彼らは、成長中のパーソナリティに、連結と社会的紐帯の萌芽が描かれる初期の友好関係の段階で関わることになる。しかし、「私はあなたとおしゃべりする」「私はもうあなたとはおしゃべりしない」「私は再びあなたとおしゃべりする」という三段階のリズムがあるように、あるときはとても強いのに、翌日にはすっかり脱備給されるこれらの関係以上に気まぐれなものがあるだろうか？「少年時代の生活の幸福をも不幸をも兄弟のように分かち合うことで、一緒になって喧嘩もすれば仲直りもするという関係を結び、互いに攻守同盟を締結することであった」[1]などは、仲間内の関係性の輪郭を示しているのである。不誠実な態度や、根拠のない攻撃性、別の友達に接近しようとしてある友達を遠ざけようとすること、それが断絶というものである。男の子の場合は、しばしば、粗暴な結果になる身体的衝突によって、仲間はずれという現象が引き起こされる。「キミはもう仲間なんかじゃない」。女の子の場合は、友情が愛の印を帯びてくると、三人の関係性の中心の秘密の物語を持つことによって仲間はずれの現象が引き起こされる。「あなたはもうワタシの友達じゃない」という言葉は、一瞬前まで好きだった女友達に背を向ける前に、大喜びするライバルの仲間を見つけるために発せられる言葉なのである。永続的な友情を受け取っていた不幸な子どもにとって、その友情の中でわずかな陰りが生じると、こうした簡潔な表明が自分の身に、突然、決定的な言葉として降りかかってくる。それは崩壊であり、愛を喪失するのではないかという不安でもあり、他人に見捨てられる苦痛であり、その後は敵対的になってしまう世界の中で孤立する恐れ*である。友達というものは、私たちに、人は愛すると同時に、嫌ったり、見捨てても次に仲直りしたりし得るということを教えてくれる存在である。そして青年期や成人期の愛を期待したり先取りする中で、自身の欲動を飼い慣らす術を身につけるようにさせてくれる存在なのである。

（1）H. de Balzac, *Le Livre mystique*, 1835.〔バルザック「神秘の書」『バルザック全集第13巻』河盛好蔵訳、河出書房版、一九四一年〕

虐待児 Maltraité

「ママが口を開くたびに、ボクは尻を蹴飛ばされたような気がするんだ[1]」。虐待は、言葉と同じように行為も利用する。「それはボクのためなのだ。だから髪の毛を引っこ抜かれたり、びんたをもらったりすればするほど、ママはいいママだとますます信じ、ボクは恩知らずな子どもだとますます思い込む[2]」。子どもとっては、悪質な扱いを受けた憎悪反応として、愛することと憎むこと、攻撃することと欲望することとの間の混同が、持続的に刻み込まれてしまうのだ。無関心でいることのほうが悪いことなので、叩くことは愛のためには価値あるものとなる。

虐待という言葉は、一九九〇年に、未成年者への悪質な扱いの予防に関する法案に初めて登場した。そこでは、虐待は「意志による身体的・心理的・性的な暴行、あるいは世話などを故意にしないこと」と定義されている。二十世紀半ばでの社会的貧困という形で片付けられてしまう前の時代、『レ・ミゼラブル』の少女コゼットが虐待の象徴であり、子どもというのは服従させるべき存在であった。体罰は服従させるための手段であり、そこでは、親の憎しみと躾の境目がうやむやになっていた。公的にはポーランドの小児科医ヤヌシュ・コルチャックに端を発する『子どもの権利の公的な宣言』（一九五九年）によって、子どもへのまなざしがその地位を確立し、進展していくことになる。虐待された子どもは犠牲者として認識されることになった。そのとき以来、子どもは司法・社会・教育制度によって保護されてきたのである。

　反対に面白いことに、「いたって穏和な中で育てられた子供でも、きわめて厳格な良心を獲得することもある」[3]のである。別の子どもは、屈辱の思い出をひたすら嚙みしめながら、テナルディエ夫妻の力を借りてコゼットに同一化することになる。「虐待された」子どもは幻想的生活の中で、つまり、もう一つの現実の中で、他人を虐待する子どもになっていくのである。打撃や憎しみは、快やフラストレーションに身を任せて、情熱的な愛と交互に入れかわっていく。フラストレーションの状態にある子どもは、最上の母親を（家庭版魔女である）鬼母に、いちばん優しい父親を冷血漢に、さらにはたいしたことのない罰を、憎しみや復讐の欲望をかき立てる計り知れない屈辱に変えてしまうのだ。もし子どもが現実の中に野望を保証する手段を持たないとしたら、好きなだけ思考の中に逃げ込む（「もしボクがパパで、パパが子どもだったら、パパを虐待してやるのに」）か、行為の中に逃げ込むかしかないのである。行為というのは、たとえば、人形*をいじめたり、友達を侮辱したり（「あいつがボクをいじめたんだ！」）、愛玩動物*を虐待したりなどである。

　よく躾けられた子ども（王様としての子ども*）と、虐待された両親は同じ地平の上にある。「よく躾けられた（bientraitance）」という新しい造語は、解毒作用というニュアンスを含ませることで、本来「躾」というものに含まれる毒の側面をねじ曲げてはいるが、それでも「躾」という言葉の根源的に両義的な性質を伝えてくれる。この「よく躾けられた（bientraitance）」という現代の言葉は、ラテン語 *tractare*（フランス語の「traiter 扱う」に相当する）が、「専念する」「愛撫する」「荒々しく引っ張る」「扱う」などを同時に意味していたように、語源的には統合して使っていたものを分かれたままに保とうとするような言葉である。子どもの「躾」に関して、最上の意図も最悪の意図も、同じ起源に由来しているのだ。三人の小さな男の子のために不安に苛まれていたクレマンチーヌは、とうとう彼らを籠に閉じ込めてしまった。「それぞれの籠のなかに、ふんわりとした小さなベッドを入れた(4)」。

（1）H. Bazin, *Vipère au poing*, Grasset, 1948.
（2）J. Vallès, *L'Enfant*, 1879.〔ヴァレス『子ども』上巻、朝比奈弘治訳、岩波文庫、二〇一二年〕
（3）S. Freud, *Malaise dans la culture*, Puf, 1995.〔フロイト「文化の中の居心地悪さ」『フロイト全集20』嶺秀樹・高田珠樹訳、岩波書店、二〇一一年〕
（4）B. Vian, *L'Arrache-cœur*, Pauvert, 1953.〔ヴィアン『心臓抜き』滝田文彦訳、早川書房、二〇〇一年〕

兄弟姉妹　Frères et sœurs

「いつになったら出て行くの？」弟や妹というのは、遊び相手である前に、その到来によって唯一の子ども、つまり両親の愛をひとり占めしていた王様としての子ども*を、完全に相対的な立場にし、兄や姉に不満をもたらし、突き落とす存在なのである。「新しい弟や妹は、手放しで歓迎されるものではなく、また、いなくなって欲しいという明白な欲望をもって迎え入れられる（フロイト）」。敵意という語は、憎しみを洗練した概念であるが、滅多に口にされることはない。「ボクの弟になっただけじゃなく、おまけに好きにならないといけないの？」[1] それは、闖入者が、現われたときと同じくらい、姿を消してくれないのも不思議なのだが、居座り続け、両親の関心を独占し、最初に生まれてきた者たちを二番目の位置に格下げし、単なる端役の位置へと追いやってしまう、ということである。確かに長男は次男よりも、何でも最初にそしてより上手にできるのだが、その後、次男によって羨ましがられ奪われることを余儀なくされる長男の特権を、保ち続けることになる。「兄のほうは、友達には、弟の成功を見守っているように伝えていた。友達には、このような弟がいることを自慢していた。だが、弟はそのことを兄の死後*にしか知ることはなかった」[2]。

「人が兄弟を憎むときには、あまりに憎みすぎるものだ」[3]。カインとアベルに倣って根源的暴力を兄弟関係の中心に据えるような、ライバル心の産物とも言うべき復讐心は、幼少期以降生じてくる。また、他方では、最初は姿を現わさないが、ずっと後になって自覚される復讐心というものもある。マルセル・プルーストは『失われた時を求めて』の語り手を一人っ子にしているが、そこでは、いわゆる寵愛する弟ロベールは消し去られているのである。兄弟姉妹の間の残忍で頑固なライバル心は、ときには生涯続く縄張り争い――「それはボクのだ！」――を招き、今度はそのライバル心が他人との関係の端緒ともなるのだ。「自我というのは、嫉妬のドラマの上での他人と同時に形成される」[4]。子どもの最初の分身、それは、弟や妹であり、他我であり、双子であり、子どもが自己像をそこに認める区別不能なもう一つの自我でもある。このように愛されるが到達できない理想は、絶対的であり無条件でもある愛の対象になる。しかし、それは、親愛な人の姿を借りて、ずっと後になって子どもが「二人の兄弟として」愛することになる対象であり、両価性《アンビヴァレンス》を保ち続ける対象なのである。

（1）S. Ocampo, *Faits divers de la terre et du ciel*, Gallimard, 1974.
（2）J.-B. Pontalis, *Frère du précédent*, Gallimard, 2006, p.40.
（3）J. Racine, *La Thébaïde*, 1664.
（4）J. Lacan, *Autre écrits*, Le Seuil, 2001, p.43.

禁止　Interdits

「禁止することを禁止する」。一九六八年五月、大勢の青年たちが、子どもの生をただ単によい快にゆだねてしまう至上命令をスローガンにした。このスローガンから、エディプスの律法の石版、つまり「汝殺すなかれ、汝隣の妻を欲するなかれ」という結論に至る前に、子どもに課せられた禁止こそが生命の源であることを考えてみよう。備わっている本能や、外界の危険から身を守るために自身にあてがわれた恐れ*を勘定に入れている小動物*とは違って、子どもというのは、鋭利な刃物をいじったり、危険をかえりみず深い穴の縁を四つん這いで這いずったりするものである。大人の「ダメ！*」で子どもの命は助かっているのである。

「ママのおっぱいを噛んではだめよ」というのが恐らく禁止の最初である。それは一般的にはあからさまに言われるものではない。たとえば、「痛い！　悪さをしないで！」と言うことで、禁止がその真の価値を獲得する。その価値というのは、正確には、「間の（inter）」価値、つまりある人の快ともう一方の不快の間の境界線の価値なのである。禁止というのは調整役を果たし、「禁止の意味」なしに人が共有する空間の中で循環することはあり得ない。噛みつきたいという欲望が、「禁止」によって和らぐことはなく、そこから余分なエネルギーが汲み取られるというのは例外である。人は、欲望と禁止では、どちらが先かはわからない。他方なくしてあり得ない。快と侵犯は人生の共犯者である。欲望されていないことを禁止して何になるのだろうか。

「禁止というのは、為されてしまったときが守られているときよりも深刻な事態になるのだろうか」。禁じられた愛や賭博などのゲームは、年齢に関係なく触れる機会がある。ユーモアや知性などを高めるためには、禁止を避けようとするものなど存在しない。「ママ、下品な言葉*を使ってはいけないの？　でも〈サスペンダー（salo...pette）〉（「salaud（げす野郎）」を想起させる）という言葉はいいの？」「これをしちゃだめ、あれをしちゃだめ」。大人は途方に暮れてしまう。禁止が増えるということは権威の喪失を示していると言える。子どもは、「幼児語」という言い間違いによって、禁止もまた（サド的）快の起源になりうることも示しているのだ。「ボクはそれを喜びの名においてキミに禁止する！」となるわけである。

くすぐり、こちょこちょ　Chatouilles, guili-guili

登っていく、登っていく小さな動物……。子どもは、選ばれた場所（首であることが多いが、感じやすい範囲と性源域の領域はつねに特異的である）に到達するまで、自分の体を走り回り、まさぐるこれらの指を、どれほど期待し、どれほど待ちきれないのだろう。

イギリス人の精神分析家であるアダム・フィリップスは、「ありふれたものであると同時に、愛情がこもっており、倒錯もある筋書き[1]」について語っている。遊びに見せかけて、くすぐりは、完全に「普通」の興奮を可能にするが、身体全体が快楽の潜在的な源泉であるという発見をも可能にするのである。くすぐりは伝わりやすいものであり、性愛化は身体全体におよぶ。レオノール（一人の若い女性）は次のように言っていた。「性器と乳房を除いた私の身体のすべてが性源域なのです」。性的器官を除いたすべてである性愛的な身体というのは幼少期の名残であると言えるだろう。

他の行動とは反対に、人は一人でくすぐることはできない。くすぐりとは本質的に人との関係の行動であり、他人（大人）は相手として欠かせない。くすぐりは二人の物語であり、ある相互的な探索、誘惑なのである。

子どもは、大人のなすがままであり、また、快楽が、移行の瞬間を見極めるのが難しい不快感へと変化しないように、自ら止められる大人の能力のなすがままになっている。性的な行為とは反対に、くすぐりにはオルガスムはなく、したがって絶頂も最終点もない。興奮している大人は、抑えることのできる大人でもある。それがなかったなら、子どもは興奮で手がつけられなくなり、ヒステリーにまでなってしまうかもしれない。こちょこちょは、半ズボンの中に漏らしてしまい、恥ずかしさで一杯になることで終わるということがあり得る。笑いから涙へと移行することで、そのとき、不快が優位になったことを示しているのだ。

「やめて、やめて」。どの瞬間に大人は子どもに耳を傾けるのだろうか？　この二人のダンスにおいて、二人の対立者の間で、愛と快楽、興奮と失望とのほどよい距離が探られる。しかし、それはそれほど正しいことなのである。

（1）**A. Phillips, *Baisers, chatouilles et autres petits riens*, Bayard, 1997.**

グランドペルソンヌ（大人たち）　Grandes personnes

驚くほどの力を備え、理解できない言葉を話す不可思議な巨人こそ、大人であり、社会的状況にあるときの両親である。こうした巨人は、子どもたちにとって「大きな人《グランドペルソンヌ》」に見えているのだ。子どもと反対の「大人」という表現が示しているもの、それは、まずは世代の身体の差という現実であり、さらには、すべてにおいて抜きん出ているこうした「大人」たちの身体的象徴的能力が、驚嘆入り混じった恐れ*を子どもに抱かせるのである。雷のようなうなり声を上げる巨人たちが暮らす島に辿り着いたガリバーは考えた。「この途方もなく巨大な野蛮人のうちの誰かにもし捉まったら最後、そいつに一口で食われてしまうにきまっている」[1]。見知らぬ人の腕に抱かれようとしている赤ちゃん*のまなざしに読み取ることのできる恐怖は、まさにそれではないだろうか。

「大人」たちは、子どもに、反発とあこがれという、はっきりと対照をなす感情を引き起こす。ジャン=ポール・サルトルは無限の威信を付与し続けてきた大人を、青年期以降はからかうようになってきたが、そのサルトルにとっては「大人」たちは「醜く、皺が寄っていて、いやな臭いがするはずなのだ。彼らに抱かれるとき、微かな嫌悪感を抑えねばならないというのは、私にとって不快ではなかった(2)」からである。しばしば、退屈は出会うものの異質性と混同されてしまう。遊びのおとぎの国に浸っていた子どもにとって、大人たちの会話のまじめくさって難解なつぶやきほど退屈なものがあるのだろうか。シモーヌ・ド・ボーヴォワール*は『娘時代——ある女の回想』において「私は、色あせた日曜日によってどうにか色どられているおとなたちが過ごす静止した一週間一週間を気の毒に思った(3)」と回想している。

しかし、大人たちに対して感じる退屈の背後には、子どもを相手にしていないか、あるいは子どもには見せないようにしているものに対する好奇心が存在しているのだ。子どもの好奇心を刺激するには、子どもが大人を動揺させる質問をするという危険を冒すときに生じる、ピンと張り詰めた空気が一番である。セクシュアリティ、暴力、狂気、死、これら子どもに生起する数々の謎の起源は、つねに、人間の生の欲動のるつぼの中に見いだされる。マルセル・パニョル*は、『秘めごとの季節(4)』の中で、祖母が祖父の肩に激しく嚙みついた意味をなんとなく理解した後で、「人を狂わせる愛は、大人にしか関係がないのだ」と述べている。しかし、そもそも「大人の問題」など存在するのだろうか。さらに若い世代の人をみると、家族間の階層《ヒエラルキー》は平板化し、子どものまなざしによって作られていた保護者的で威圧的な両親の像は崩れつつある。自分を取り囲んでいる「張り子の虎」の脆さを早々に理解した子どもは、まさに成熟へと至ることのなかったリルケ自身が語っている通り「青く、甘みもない、果実」[5]として成長する危険があるのだ。

(1) **J. Swift**, *Le Voyage de Gulliver*, 1721.〔スウィフト『ガリヴァー旅行記』平井正穂訳、岩波文庫、一九八〇年〕
(2) **J.-P. Sartre**, *Les Mots*, Gallimard, 1964.〔サルトル「言葉」『サルトル全集』第29巻、白井浩司訳、人文書院、一九六七年〕
(3) S. de Beauvoir, *Mémoires d'une jeune fille rangée*, Gallimard, 1958.〔ボーヴォワール『娘時代——ある女の回想』朝吹登水子訳、紀伊国屋書店、一九六一年〕
(4) Marcel Pagnol, *Le Temps des secrets*, Pastorelly, 1960.〔パニョル『秘めごとの季節』佐藤房吉訳、評論社文庫、一九九一年〕
(5) **R. M. Rilke**, *Le Livre de la pauvreté et de la mort*, 1903.〔リルケ「貧困と死の書」『リルケ全集(詩集I)』尾崎喜八訳、彌生書房、一九七三年〕

下品な言葉　Gros mots

耳元で囁かれる「たわいのない言葉(petit mot)」が愛し合う甘い関係に結びつく言葉であるなら、「下品な言葉(gros mots)」は、他人の態度や考えに対してこっそりと頭の中で表現された言葉であり、以下のような侵犯的対立を引き起こすものである。「下品な言葉とは控えなければならない言葉なのか?」たとえば「ブーダンうんこ*(caca boudin)」を原初的表現とするような、ほとんど繊細さを欠いた卑猥でみだらな含みを帯びた性的な言葉、つまり、下品な言葉が突然子どもの口から出てくる。幼児が、母国語の言葉を探索していてタブー語に行き当たるとき、それでも重要な発見が見いだされる。言語の中にすら、子どもと親とを分ける領域が存在するのだ。だが、子どもたちが警戒を逃れて使用してしまい、大人たちに慌てて直されるさらに汚い言葉、たとえば「こん畜生め！（Puuu-rêe !）」や「くそーようび！（Merrrr-credi !）」よりもましな、「ちぇっ（zut, flûte）」という言葉を大人たちが推奨するのは涙ぐましい努力である。

　こうした計略は、以下のようなぎりぎりのところで遊ぶ*ことを可能にする。「ママは聞いたでしょ。パパが『くそ！』と言っていたよ。そんな言葉はだめだよね」。タブー語を口にする心地よさは、このような裏切りの行為によって、倍増してしまうのであるが、ここで子どもがママに伝えているのは、パパはママにはふさわしくないということだ。他にも大喜びさせる言葉遊びがある。それは、「ママ、con《コン》〔フランス語で女性器を意味する〕- fiture《フィチュール》（ジャム）ちょうだい」とか、「私が読書をしていて『糞まみれにする（conchier）』という動詞にたまたま出くわしたとき、私は侮辱の頂点の言葉を知った。それは、語彙の掘り出しものに出会ったようだった。私は、全力で、みだらな喜び、涎がでるほどの喜び、大層な喜びでもって、糞まみれにしてやろうと思った[1]」などである。

　怒ったときには、すべての言葉が下品になる。エルンスト坊やは父親に向かって、「お前はランプだ、お前はタオルだ、お前は皿だ[2]」と叫ぶ。物や動物の名前で侮辱することはしばしば子どもに見られる楽しみである。「とんま〔フランス語のgourdeヒョウタンのもう一つの意味〕」「やつら（tas）」「意地悪〔フランス語の vipère クサリヘビのもう一つの意味〕」「デブ女〔フランス語の vache 雌牛のもう一つの意味〕」「ブタ」などは、日常的な下品な言葉以上の力を引き起こすのである。しかし、肛門へと遡る言葉以上に屈辱で汚す言葉は存在しないのだ。

休み時間*に交わされる下品な言葉は、大昔から存在してきたにしても、時代と共に変化してきている。「あばずれ（pute）」や「おかま（pédé）」などは、それぞれ女子や男子において今日流行している言葉である。究極の侮辱の言葉は「お前のママはあばずれ」である。この言葉は最も聖なるものを冒瀆し、喧嘩*に発展させることさえあるのだ。

（1）G.Goffette, *Une enfance lingère*, Gallimard, 2006

（2）S. Freud, *L'Homme aux rats*, Puf, 2004.〔フロイト「症例鼠男」『フロイト全集10』総田純次・福田覚訳、二〇〇八年〕

喧嘩 Bagarre

「よし」とジョフロワは言う。「ボクたちは位置に着いた。次の休み時間*に喧嘩しよう[1]」。それが突然起ころうと、厳密に準備されたものであろうと、喧嘩は男の子たちのものである。取っ組み合いが受け入れられる唯一の場である喧嘩は、「突き飛ばすこと[2]」によって引き起こされた興奮と同じくらい男らしさを与える。父親と息子の間においては、戦いは一つの遊び（「喧嘩するか？」）であり、そこでは、幼い男の子の快楽は父親に立ち向かうという怖れに打ち勝つことである。女の子たちは、殴り合いよりも、おてんばむすめ（garçon manqué）と非難されるような、危険を冒さず――あるいは選ばず、言葉（言い争い）のほうを好む。

社会的に儀式に近い喧嘩は、同時に、遊びや、対立や、能力が年齢とは関係ないということを確認することから生じる。女の子たちの感嘆を引き起こすことと同じくらい、男の子たちと力を競うことが重要なのである。もし、喧嘩を避けることが侮辱の危険を広めさせることだとしたなら（「弱虫、臆病者！」）――この選択は考察されることがありうるのにもかかわらず、「ボクは一度も戦わなかった。誰かを叩くことはいつも悪いことだ[3]」――立ち向かうことは、そのことでより惨めな敗北という他のものを広めさせることになる。最も強い者が尊敬を勝ち得るとき、最も弱い者は信頼と仲間との同化を失う。

一時的であると同様に予測不可能な仲間同士の喧嘩は、それが、組織された対立する諸集団の半ば部族の、あるいは氏族の社会的形態を取るとき、一定の反復に従っている。アイデンティティの帰属、うってつけの敵――しばしばよそ者と宣言された最も近い者（他の学校、*隣の都市など）――に対する共通の領土の獲得と防衛のように、子どもの集団の諸々の喧嘩は、人間の戦争を模倣する。喧嘩は社会における人生の実習であると同様に、ときにはその失敗を意味することもありうる。「戦うことは私の大いなる気晴らしであった。他にはなかった。それゆえ私は情熱を持ってそれに専念したのだった[4]」。

もし男の子たちが、体を張った暴力において自分たちの恨みを晴らすとしても、そこで女の子たちは言葉によって対立する。げんこつの力は言葉に変わる。「彼らはお前を意気地なし呼ばわりした！」みんなに伝わったこの呼び名に明らかにショックを受け、傷つき、恐れを感じた粗野なカミュは言った。「（……）意気地無しかどうか彼らに分からせてやろう」[5]。

（1）R. Goscinny, J.-J. Sempé, *Les Récrés du petit Nicolas*, Danoel, 1963.〔ゴニシ『プチ・ニコラ――ニコラの休み時間』曽根元吉・羽昌子訳、偕成社、一九九六年〕
（2）S. Freud, « L'interprétation du rêve », *OCF/P*, vol. IV, Puf, 2004, p 313.〔フロイト「夢分析」『フロイト全集5』新宮一成監修、岩波書店、二〇一一年〕
（3）É. Ajar (R. Gary), *La Vie devant soi*, Mercure de France, 1975.〔アジャール『これからの一生』荒木亨訳、早川書房、一九七七年〕
（4）M. Goriki, *Enfance*, Gallimard, coll. Folio classique, [1914] 1976.〔ゴーリキイ『幼年時代』湯浅芳子訳、岩波文庫、一九六六年〕
（5）L. Pergaud, *La Guerre des boutons. Roman de ma douziem ammée.*〔ペルゴー『ボタン戦争』なだいなだ訳、集英社文庫、一九八七年〕

恋している、恋愛、好き Amoureux

「あなたはパパでわたしはママね。そしてわたしたちは恋しているのよ」。子どもにとって、自分が恋していると思うことは、まず自分の両親に同一化する一つのやり方なのだ。キスや抱擁やハグ*といったものは、模倣であると同時に、遊びや興奮や本物の情動に属しており、そうした自発的な愛情の表明を目の当たりにするには、幼稚園の遊びの時間を観察するだけで十分である。この年齢では、バイセクシュアリティや一夫多妻制は慎みなく表わされ、諸感情を混同することと移り気が支配する。異性の子どもたちの間の感情のほとばしりを恋と呼び、同じ性の子どもたちが身につける愛情を友情と呼ぶのは大人たちなのだ。子どもが大人の体験を投影するのは、精神分析的な世俗化と社会的順応主義によって培われたものであり、比較的最近のものである。一九六〇年代になると、フランソワーズ・ドルトの思想の影響と、認識と感情の能力を備えた一人の主体としての子どもという、個人主義的表象の到来と共に、思春期前の恋愛について語られ始める。通常、幼稚園は小学校と区別される。分別盛り*とは、性的衝動の抑圧がその力を示し、恋愛は慎み深く、プラトニックで、恥じらいを見せ、ある物理的距離によって特徴づけられる。どんな性的な表明も強い嫌悪感を引き起こす。「うわっ、恋愛だ！」両親が抱き合っているとき七歳の二人の少女は眼を覆いながら大声で叫ぶ。潜在的なライバルである同輩、しかし大人たちのまなざしでもあるそのまなざしは、恐れの対象となる。「おお！　嘘つき。彼女は恋をしているのだ！」ここから、自分が頼みをするために、伝達者や、選ばれた人の道具入れに忍び込ませたちょっとした言葉に頼ることが生じるのである。

　愛情において十分な安心感を勝ち得た子どもたちは、恋愛の戦略において最も冒険的になる。あえて自分の恋愛を表現したり、あるいは恋に落ちさえする能力はみんなに与えられるわけではない。自分の両親に対する最初の占有的な感情から解放されなかった者は、家庭というあぶく（bulle familiale）に無関係な他者が突如としてすべての特質を供えるという、この特別な愛情のあり方を知ることはできない。この微妙な情動は優しさや友情より強く、大人や青年の同等の情動ほど激しくはない。というのも、その情動はまだ肉体的な次元を持っていないにもかかわらず、それは世代間の違いを無視しているからである。密かに女性教師や、自分より年上の従兄弟（従姉妹）等に恋する子どもたちは考慮されていない。フランソワ・トリュフォーの映画『トリュフォーの思春期（お小遣い）（Argent de poche）』で、パトリックは、昼食に招待してくれた彼の友達の母親に、顔を赤らめながら花束を渡すが、彼をもてなしてくれた人の豊満な胸元を盗み見しながら、出されたたっぷりの料理をむさぼり食う。そして彼は共有した時間が最高潮に達したと思われる表現でおいとまを言うのである。「つましいお食事をありがとうございました！」と。

子ども部屋、寝室　*Chambre d'enfant*

きっちり締められたドアに威嚇的な横断幕、「入る前にノック」、「個人の所有物」、さらには「五歳未満禁止」（これは四人兄弟の長女によって制作された）などがべたべた貼られる前は、子ども部屋という「魂の巣」[1]は赤ちゃんの到来を予想している。その部屋は、やがて代わりになるであろう母親のお腹の延長で、それは、その中でアイデンティティが鍛えられるような宝石箱なのである。居心地がよくて安心させるが、きれいで活気づけてもくれるそれは、現代の文化の一つの理想を反映している。親密さ、個性、自由は、子どもの新たな秩序を支配する諸々の命令であり、自分だけの部屋がそれを保証してくれる。やがて独立するための諸条件がしつらえられたその部屋は、最初のいくつかの別離の苦痛を課すことから始まる。赤ちゃんは、自分から両親の「ベッドの真ん中」（アニー・ルクレール[2]）

の優しさと安全を奪う独立という解決は、もちろん選ばないであろう。その中で大部分の人間が成長してきた。個人の部屋が最近では贅沢になるほどである。それ以後、自分の部屋にたった一人になった子どもは、恐怖*や、孤独や、退屈*や、自分に取っておかれた場所で楽しむ前に見捨てられたことへの怒りなどに立ち向かうために、数々の個人的な能力を使うよう強く促される。モーリアックは自分の恐怖の数々を覚えている。「私は板がきしむ音を聞き、毛布で頭を隠したものだった[3]」。ルイーズ・ブルジョワは赤い部屋の作品において他のいくつかの物音について言及しているが、それらの作品は、耳に入って疑いの思いを持ち……感じ取った愛の暴力のことを語っている。あるいは、自分の寝室で眠るのをいやがる幼い女の子が「わたしはあの人たちと一緒にいたいのですが……なぜ*あの人たちはわたしがいないのに楽しそうに笑っているのに、わたしは、たった一人でわたしのぬいぐるみといるのでしょう」と言うように。子どもは大きくなるにつれ、自分の部屋を専有し、そこは秘められた場で、冒険の場所となる。雑然と寄せ集めた乱雑な場であるそこで、彼はいまや、「自分の部屋を片付けなさい」と繰り返される葛藤の源において、「幼少期のサイクロン的秩序[4]」によって管理された真の好奇心の部屋の中で、自分の家にいると感じるのである。この逃げ場は時には、こもる場所となる。「自分の部屋に行って、静かにしていなさい」とか、あるいは旺盛な自体愛に直面した恥じらいの場所である「それは公衆の面前ではしてはなりません。自分の部屋でなさい」といったように。子ども部屋は、性の控えの間、他人たちの控えの間であり、彼自身のものである。両親の場所の内部のこの場、とくに親密なこの場所において、閉じられたドアは、部屋の境界を確定することで自我の境界を確定する。「とてつもない数々の冒険がこの部屋でボクに起きたんだ……ボクが自分の部屋を持って以来、ボクは一つの内的な生活を持ったんだ[5]」。

(1) V. Hugo, « Les pauvres gens », *La légende des siècles*, 1883.〔ユゴー「哀れな人々」「諸世紀の伝説」に所収、『ヴィクトル・ユゴー文学館　第一巻　詩集』辻昶・稲垣直樹・小潟昭夫訳、潮出版社、二〇〇〇年〕
(2) N. Huston, *Passions d'Annie Leclerc*, Actes Sud, 2007, p.285 からの引用。
(3) F. Mauriac, *Les Maisons fugitives*, Gallimard, coll. « La Pléiade », t. III, 1981, p.909.
(4) D. Pennac, *Messieurs les enfants*, Gallimard, 1997.〔ペナック『子ども諸君』平岡敦訳、白水社、二〇〇〇年〕
(5) A. Feance, *Le Livre de mon ami*, Gallimard, coll. « La pléiade », t. I, 1984, p.437-438.〔フランス『わが友の書』〕

子守唄　Berceuse

子守唄は、その先入見とは反対に、いつも「優しい唄」ではない。それゆえ、「子どもが眠らなければ、彼を溝の中に投げてしまうだろう[1]」(アフリカ)と口ずさみながら警告するのが母親ではなくても、世界の子守唄の大部分では、脅かす怪物たちや、「悪い子どもの足を食べてしまう」獰猛な動物たち(ドイツ)や、猛威をふるう妖怪たち(イラン)や、あるいは待ち伏せしている他の凶悪な人物たちに出会うことができる。

だから、物語の内容が重要なのではない。子守唄の普遍的な有効性、その催眠性の特徴は、何よりも単純で反復するメロディーにあり、それはジュークボックスのリズムを採用している。眠りの番人であるその声は、母親の呼吸の逆波を再び生み出すことで、かくして音の覆いを造り、子宮内の波動を真似ているように思える。『ジャングルブック』の蛇、カーの催眠性の歌のように、この魅惑的なリトルネッロのおかげで、子守唄は、子どもを一種の嗜眠状態に押しやるだろう。

私を信じて、ただ私を
目を閉じ、信じて
私がそばにいることを知ることなく
健やかに眠ることができる
静かな眠りに落ちて
銀色の霧の上で船をこいで
ゆっくりとそして確実にお前の感覚は
逆らうのを止めるでしょう

メロディーに酔ったように、一種の催眠に心を虜にされた子どもは、ついには降参し、陰鬱で不安にする眠気との戦いから放たれるであろう。「子どもを魅惑する人」は、その人魚の歌の力を借りて頑固者を飼い慣らし、ついには爪先立ちで遠ざかり、大人たちの世界に戻ることができるのである。

「母親と女はつねに和解できない敵にとどまっている。母親が女に戻ろうと、しばらく自分の子どもを厄介払いし、自分の男のペニスを享楽することに躊躇しない女は、ある法にかなった手段しか持たない。それは、つまりその子どもを寝かしつけることである」[2]。結局、あらゆる愛の唄と同様に、子守唄は恐らく、誤った幻想と同じくらいに永遠の約束によって作られている。

（1）M. Altmann de Litvan (dir.), *La Berceuse. Jeux d'amour et de magie*, Érès, 2001.
（2）M. Fain, D. Braunschweig, *La Nuit, le Jour. Essai psychanalytique sur le fonctionnement mental*, Puf, coll. «Le Fil rouge», 1975.

最初の一歩、はじめに覚える言葉 Premiers pas, Premiers mots

古生物学者のアンドレ・ルロワ＝グーランは、太古の祖先の頭蓋骨に基づいて、脳に言語領域が存在したことを示す骨の形状の出現を検討し、言語の獲得には二つの条件が必要であるという仮説を定式化した。それは、垂直姿勢を実現したことと、顔が食物をつかむ仕事から（手を口に持っていくことで）解放されたという二つの条件である。ヒトは垂直歩行をして言葉を話す唯一の霊長類である。それは、まるで歩行と言葉のどちらの一方も、他方なしでは成立しないかのようである。ヒトにとって言えることは、子どもにとってもそれほどかけ離れてはいない。それはまるで子どもにとってヒト化する行程を自分で計算して踏破することが必要であるかのようである。ぎこちない言葉を話し、歩き方も不器用な精神病の子どもにおいては、このような踏破がなされないことで、逆にこうした二つの条件を確認させてくれる。

誰が赤ちゃんのポールに話しかけるかで口論する大人たちに囲まれているときに、ポールの最初の言葉が「ブラブラ」であったとしよう。発声が言葉になったときに、意味を把握し翻訳するためには親の耳が必要なのである。最初の発語はむしろ連続体であるが、次の言葉によって最初の区切りが構築される——指が何かを指し示すほうが早いことが多いのだが。あるいは「パパ」が子どもにきちんと話すよう押しつけているのかもしれない。どんな瞬間に「ママム……」が「ママ」になるのだろうか？　次の格言が最も真実に近いだろう。「口の中を食べ物で満たしたまましゃべることはできない」。つまり、言葉を話し始めるには、おっぱいを口に含むのを止める必要がある。話す（ハナス）とは離れる（ハナレル）ということでもある。そもそも、口を開くためには閉じ方を習得しなければいけない。病的な子ども、よだれを垂らす子どもは、唇の閉じ方がわからず、言葉を生み出す音の構成ができなくなっているのである。

「きみの歩み、わが沈黙の子どもらは[1]」。子どもが初めてパパからママの元へと、あるいはママからパパの元へと歩くことがどれほど嬉しいことか。子どもの最初の一歩は、それが引き離しているものを再び一緒にする。歩くことは出発であり、何よりも、戻ってくるときに快をもたらすものなのである。言語活動としての歩行が意味しているのは、一次愛の対象との未分化な状態は失われた楽園（と言えるのか？）であるということだ。言葉はもはやモノではない。歩行するコトこそが親からの隔たりの始まりなのである。

激しく転倒してすべてを遅延させてしまうのではない限り、歩行の獲得は、ときには言語活動を進歩させる。最後にもう一度優しく口元に運ばれたりおっぱいを吸っていたりすることがそれほど心地よいのだから、歩いて道に出るようになるまで、自由は待機していてくれる。

(1) P. Valéry, Les Pas, *Charmes*, Gallimard, 1928.〔「歩み」『ヴァレリー詩集』鈴木信太郎訳、岩波文庫、一九六八年〕

叫び Cri

生まれるというのは一つの叫びである。空気を吸い込む生理学は、その諸々の効果を、生の世界へ入ったことの初めての表現と結びつけている。叫びがわき出るに至らず、また、ムンクの絵のように苦しげな顔で沈黙のままでいるとしたなら、母親の（親たちの）不安は、差し迫ったものとなる。呼吸の苦痛は苦痛しか鎮めることができないのだ。フロイトによれば、新生児は「寄る辺なさ（*Hilflosigkeit*）」、自分自身で助けの手を差しのべてもらうことができない状態、哺乳類の性質によって課された一種の客観的な苦悩の状態のうちにある。叫びはこの自然の状態を即座に主観化し、次にこの動物的衝動を人間化する。そのためには、泣きわめく赤ちゃん*と、「この子は何を欲しているのだろう」、「どこが具合悪いのだろう」、「この叫びは何を私に向けているのだろう」、「この子は私に何を『言おう』と努めているのだろう?」と解釈する大人との、少なくとも二人が必要である。大人の耳は、子どもの叫びを、自分を理解してもらいたいという欲望と捉える。すべては、あたかも子どもの叫びが大人に「自分自身が叫んだ記憶と自分自身の苦悩した実体験の数々[1]」をよみがえらせるかのようである。快楽の叫びは、それはずっと後になってからである。以来、言語活動を生み出すために、もはや大したことが欠けることはない。叫びは、たとえそのメッセージは謎のままであったとしても、「人間の最初の言語活動であり、最も普遍的な言語活動(2)」である。「なぜ*イエスは叫んだのであろう?」

ピイピイ鳴くことは叫ぶことではない。諸々のわめき声はその叫びにかわる。もはや何もうまくいかず、何が何だかわからず、叫びは鼓膜に突き刺さる。「揺すられている」赤ちゃんはわめき立てる赤ちゃんである。大人と子どもの間の極端な暴力が起こるまで何年もかからない。その暴力は、最初の出会いの幸福がいかに脆いものであり、決して確かなものではないことを思い出させる。

子どもは成長し、いまや彼が、教室から休み時間に校庭へと移動する光景に伴う授業の分を取り返そうとするかのような騒ぎの様子にも似た喜びから叫ぶ時が訪れる。彼は自分の気まぐれ*がなかなか満足させられないとき、自分が叫ぶ*ふりをする*こともできる。しかしながら、もはやフラストレーションに起因する不耐性や、恐れ*、苦痛などから何も区別されず、危険を前にして叫ぶと、子どもはもはや自分をわかってもらえなくなる恐れがある。もっと悪いのは、窓ガラスやクリスタルガラスを壊し、そして自分の部屋*にひきこもり、頭を枕の下に隠すことでしかそれから身を守ることのできないカスタフィオル〔『タンタン』に出てくる歌手〕の叫びにも似た、つねに耐えがたい大人の叫びが突然発せられることである。

(1) S. Freud, *Lettres à Wilhelm Fliess*, Puf, 2006, p.639.〔J・M・マッソン編『フロイト　フリースへの手紙

——1887-1904』河田晃訳、誠信書房、二〇〇一年〕

(2) J.-J. Rousseau, *Discours sur l'origine et les fondements de l'inégakité parmi les hommes*, 1755.〔ルソー『人間不平等起源論』本田喜代治・平岡昇訳、岩波文庫、一九七二年〕

残酷な Cruel

「ボクは子どもで、ボクは幼く、ボクは残酷だった」[1]。子どもの無垢*(innocence)というのは、根強い神話である。クレール・シモンによって映画化された、ある幼稚園を舞台にした『気晴らし(*Récréation*)』(一九三三)において、一人の男の子が手脚を広げて、うつぶせになっている。その上を、別の男の子が、しっかりとした勝ち誇った足取りで歩く。すでに、無垢な犠牲者と残酷な虐待者がいるのだろうか? 子どもたちは拷問ごっこをしているのであり、その配役を決めたのは、犠牲者のほうなのだ。それはいつでも遊びというわけではない。校庭の隅で、地面に目をくっつけて、休み時間という休み時間に、一人の幼い子が熱心に棒きれを集めている。彼には、自分に襲いかかって、悪意のある喜びでその宝物をばらばらにする襲撃が起こるのがわからないからである。

子ども同士の中では、その歩みと同様に、あまりに並外れて、あまりに熱心で、「馬鹿(gogol)」なものに対するのと同様に、収集家に対しあまりに残酷である。子どもたちはまた動物に対しても残酷である。ハエの脚をむしってみる。ヒキガエルの目をつぶして笑う。無意味に金魚を窒息死させる。これらの小さな殺人者たちについて、ユゴーは「ヒキガエル」の中で語っている。「ボクらは目の中に、遊びと陶酔と曙を持っている／人には母親があり、ボクらは陽気な小学生である／空気を吸い込んでいる陽気な幼い男たち／愛され、自由で、満足した肺を一杯にして、何をしようか？／不幸な何らかの生き物を虐待するのでなかったなら？[1]」他の生き物を虐待し、殺戮するまでに至る子どもたちは、非常に稀である。私たちは、その子どもたちは「晴天のように平静」ではないと思う必要がある。

「子どもは殺すときに笑う」とヴィクトル・ユゴーは続ける。またフロイトによれば、子どもは「一般的に、かなり容易に残酷になる傾向がある」[2]。しかし、大人とは違って子どもは、苦痛を課す快楽は持たない。なぜなら子どもは自分の犠牲者に同一化することはできないからである。ところで、他人の苦しみへのマゾヒスト的同一化により、サディストは享楽するのだろう。子どもは、棒きれを集める者や、虐待されるヒキガエルに同一化し、彼らと共に苦しむには幼すぎる。子どもは情け容赦をもたないのである。苦しませることに快楽を持ったまま成長しても、残酷さを唯一はばむことのできる、情けというものが訪れるであろう。

（1）V. Hugo, « Le Crapaud », *La Légnde des siècles, op. cit.*〔ユゴー「哀れな人々」「諸世紀の伝説」に所収、『ヴィクトル・ユゴー文学館　第一巻　詩集』辻昶・稲垣直樹・小潟昭夫訳、潮出版社、二〇〇〇年〕

（2）S. Freud, « Trois essais sur la théorie sexuelle », *OCF/P* VI, Puf, 2006, p. 129.〔「性欲論三編」

サンタクロース　Père Noël

お人好しの雰囲気か、あるいは少しみすぼらしい雰囲気で、彼がデパートの入り口の手すりを昇るとき、彼はいつも堂々とした歩き方をしているわけではないが、そのことで子どもたちが、毎年彼に数えきれないほど多くのお願いを伝える手紙を書くのにじゃまになることはない。子どもたちは同じ日に何人もの「サンタクロース」に会ったり、あるいはその赤い服の下に彼らの父親のズボンを見つけたりするとき、彼らはごく当然の疑いを抱くのだが、それでも毎年冬が近づいてくると、サンタクロースを固く信じることを続けるのである。聖ニコラとフエッタール神父と聖クラウスを複合的に統合した「サンタクロース」は、長くて白い顎髭をつけ、白い毛皮で縁取られた赤い服に身を包んだ大きな男という、自分のイメージが、二十世紀の資本主義と同じリズムで定着し、世界に浸透していくのを見た。しかしながら、人びとは、トナカイに引かれたそりに乗った贈り物の偉大な調達者である彼の成功を商人の熱狂のせいだけにしてしまうという過ちを犯してしまう。なぜなら、サンタクロースは子どもたちの神のようなものであり、クリスマスのお祝いは多くの人びととの家で同じ価値を持っており、そこにおいてはそのお祝いは弱まっていく照明と再び降りてくる精気と、圧倒的な寒さに対する、地球の表面に広がる死*に直面した贖罪の儀式なのである。子どもたちは古代ローマのサトゥルヌス祭と同様にインディアンのナバホ族（navajos）の儀式をいかに知らなくとも、彼らはクリスマスの日には、大人たちがいつも緑色のモミの枝の下でそれを複数の贈り物で埋め尽くし、自分たちの活力を祝い、毎年冬になるとうろつき、自分たちを脅かす死を追い払うのだということは知っている。

「ラテン諸国やカトリックの国々が、前世紀まで聖ニコラウス祭という、まるで地味な祭りとの関係にばかり、重きをおいていたのに対して、アングロ・サクソンの国々は、子供たちが死者の役を演じて、大人たちから寄進を巻き上げるハロウィーンと、大人たちが子供の生命力を高めるために、彼らを贈り物で埋めつくしてやろうとするクリスマスとに、積極的に二分してきた」(1)。

大人になった兄や姉たちが*最も幼い者の無垢さを保っている、サンタクロースを信じる力は、その力が可能にする、欲望を魔術的可能性にその原因がある。「錯覚の特徴は何と言っても人間の欲望から生じたものだということである」(2)。悔しさを伴わないということなく、サンタクロースを信じるのを止めることを了承するのは、単に分別盛り*においてなのである。「お前はサンタクロースを信じてるの、お前は！」というように。

子どもたちを大変愛している、このとても年老いた男であるサンタクロースは、人気を享受しており、どきどき強くたたいたり、あるいは少なくとも怒ったりする父親はサンタクロースの人気を羨むことしかできない。しかしながらサンタクロースは、父親と一つか二つの共通点がある。それは彼もまた夜、とても小さなダクトの中に滑り込み、両手に数々の贈り物を生じさせるのだが、それは、一番の贈り物は自分なのだという、子どもにとって貴重な無意識的な方程式の正しさをそのようにして立証することによってなのである。

(1) C. Lévy-Strauss, «Le Père Noël supplicié», in *Les Temps modernes*, 1952, nº 77.〔レヴィ＝ストロース「火あぶりにされたサンタクロース」『サンタクロースの秘密』中沢新一訳、せりか書房、一九九五年〕

(2) S. Freud, *L'Avenir d'une illusion*, Puf, 2004.〔フロイト「ある錯覚の未来」『フロイト全集20』岩波書店、二〇一一年〕

死 Mort

子どもの成長の重要な契機の一つとして、身近な人の死に直面したときの、子どもの物語上の主人公と共有する悲しみというものがある。子どもが、母を人間に殺されてしまったバンビと共にあふれんばかりの涙を流すのも同様である。

子どもがたいていの場合、死を最初に経験するのは、祖父母*との死別かあるいはペット(動物*)の死のときである。可愛がっていた動物の死によって、子どもは自身の苦悩を上手に表現することができるようになる。というのも、おそらく大人たちは、人間との死別のときと比べると、ペットの死のときのほうがそれほど悲しみを隠さないだろうからである。多くの親は、自分の子どもに死について、説明することを恐れている。死という言葉を使うよりも、たとえば、故人について「長い旅に出た」とか「ずっと眠っている」とか(こう説明されると、子どもにとって、故人は睡眠障害になっているとしか思えなくなる)あるいは「なくしてしまった」とか(こう説明されると、なくした責任は親にあると子どもは思ってしまう)説明するのだ。ときどき、祖父母の葬儀にも参列させようとしない親がいるほどである。しかし、子どもは大人よりももっと死に直接的に接近している。死への接近を妨げられていないのは、そもそも子どもというものは、十分に死に直面するところに到達しているからである。むしろ、子どもは、死から引き離されてしまうことを恐ろしく不当であると感じているのである。棺の中の祖父を見ることを止められた男の子は、怒って、「じゃあ、今度、誰か死んだらその人に会いに行くからね」と言うのである。

子どもが死をどのように理解しているかは年齢によってさまざまである。三歳の頃は、そもそも死の危険というものがどのようなものかわかっていない。自分や他人は死なないと思っているのである。五歳から六歳の頃には、普遍的で形而上学的な性質を持った死の不安が生じ始める（「死んだら、それは一生そうなの？」）。そして、八歳から九歳の頃、つまり、潜伏期の頃には、身近な人の死の恐れ*がきわめて具体的になる。子どもの立てる重要な問いの一つに、死んだらどこへ行くのかという問いがある。雲の中にいるのか？　電話を持っているのか？　ボクたちに会いに来ることができるのか？　何をしているのか？　次にやってくるのは、自身の有限性と両親の有限性についての問いである。人はいつ死ぬかわかっているのか？　どうして死*なければいけないのだろうか？　不死の人というものは存在するのか？

われわれの社会には、メディアはいたるところで人が死んでいるニュースを伝えているにも関わらず、子どもには身近な人の死を隠そうとするという矛盾がある。死についての真の経験の現実から子どもたちを切り離してしまうことは危険なことである。そうなると、虚構と現実が区別されなくなってしまい、「バーン！　お前は死んだ！」という遊びが、学校の中での血まみれの銃撃事件へと転じうることに驚く必要はないだろう。

叱る　Gronder

Grundire は、豚に対するような意地の悪いやり方で「どやす」という意味のラテン語で、「gronder 叱る」の語源である。「gronder 叱る」という語は言葉というより音である。それは豚の鳴き声であり、雷鳴であり、低音で、子どもを怒り狂った巨人の足元で縮こまらせ震え上がらせる圧倒的な力を持った音なのだ。「母親は張り詰めた空気のなか大声で子どもを叱りつけた[1]」。

「叱られる」かもしれないという心配の背後には、しばしば、ある種の期待、つまり、「世話をされたい[2]」、両親の注目の的であり続けたい、つねに失われそうな愛の対象でありたいという期待などが隠れている。しかし、「叱る」ことが価値を持つのは、大人と子どもとの関係が「叱る」とはまさに別のもの、何よりも、愛を備給されているときのみである。それに反して、「いつも叱られる」場合、子どもに屈辱感しか残さず、自分は両親に望まれておらず*、期待や必要に値しないと感じさせてしまうのだ。

尻を叩く*ことは大人の興奮、怒りの爆発、あるいは怒りの演出などを示している。そのとき、表情の険しさが言葉に先行する。だが、大人の試みは成功に至ることはない。母親の緊張した空気や、怒りに反応をみせない娘を言葉で叱っていた母親は、「お前を叱っているのだからせめて泣きなさい」と、限界に達したあまり言ってしまうのだ。

サディスティックではない計画的な罰というのは教育には欠かすことのできない相関物である。こうした罰は、子どもの尊厳を認めつつ、子どもの野性的な部分を認めているのである。親が「ダメ*」と言えないことが、子どもを暴力にゆだねることになってしまう。さらに、親の怒りを引き起こすふさわしい罰になっていることが必要なのだ。罰は子どもに破壊性に対する解決手段を与え、さらに、罪悪感の乗り越えを可能にしてしまう。「罪悪感は、破壊性が構築性へと変形されるところに位置づけられる[3]」。

（1）P. Loti, *Mon Frère Yves*, 1883.
（2）D. W. Winnicott, *Agressivité, Culpabilité et Réparation*, Payot, 2004.
（3）前掲書。

失読症 Dyslexie, dys...

まず、読字障害、つまり、失読症 dyslexie は――その語は、異常を示す *dys* と〔言葉を表わす〕*lexos* で成り立っている――言語活動のすべての支えにまで及んでいる。幼児語というよりは、それは最も民主的な形で広まった学校*での困難の一つである（それは、大多数の言語においてほとんど同様に見いだされる）。失読症は就学の年齢になる前に顕在化するが、それが全面的に起こるのは就学と共にである。幼い子の口の中で可愛い、言語の失敗者たちは、学習期間の年齢において、最も厳格に注意が払われる対象となる。正常性の舞台である学校は、書字困難、計算の困難、調和の困難などを追跡する特権的な場なのである。これらの大きな困難への特効薬は、言語聴覚士のところで、幼い失読症者が規則正しく、自分の悪い癖を直すことである。（十八世紀の医学の教師であるアンドリ・ド・ボワルガールという、整形外科 *ortho-pédie*――古代ギリシア語の ortho は、「真っ直ぐな」「正しい」という意味――を発明し、その後の一連の予防と矯正の方法論の祖と呼ばれる医師に負っている。その最初の目的は「真っ直ぐ歩くことを助ける」ということと「ひねくれた若い娘たちを矯正する」ということであった）。

失読症の子どもは、混乱した代書人だ。自分の書いたものを読み返すことができず、音節を倒置したり、重複や取り違えがおきたり、意味を持たない奇妙な語を生み出す。自分から由来するものの内に自分を認めないという経験であり、書くことで自身と他人との関係を描写しなければならないときに、自身によって裏切られるという経験である。（「書字上の吃音」あるいは「機能的誤り」である）失語症は、自分自身の言語から異国の地をつくりあげ、その他覚的混同の彼方に、子どもが、知られていない葛藤を引き起こす内的世界の諸々の意味作用の中に捉えられていることを知らせてくれるのである。

エルサは読むことと同様に書くときも、一貫して「il」の代わりに「li」とするのである。女性教師が失読症に言及したとき、この心理学者はあえて「Il est dans le lit.（il〔という字〕は lit の中にある／彼はベッドにいる）」と言った。すると少女は怒りを爆発させた。「彼はいつも愛している人と一緒にベッドにいるの。そして彼女はというと、バオバブの木の猿のようにベッドに引っかかっており、そして私はというと、毎朝、いないいないばあをしにいく権利さえもはや持っていない！」父親の新しい連れの女性がエルサの自分がのけ者にされているという感情を再び勢いづけた。エルサは新たに、父親のベッドの中に一つの場を持ちたいという欲望と禁止の対象との間で引き裂かれていたのである。言語が反乱を起こし、葛藤を露呈させたのである。

学業の習得における発達障害の一つとして世界保健機関によって一九九一年以来知られている失読症は、明確な原因もなければ、特別の治療法もないさまざまな規律上の領域――滅多に一致をみせない――での、たゆまぬ研究にも関わらず、今日にまで至っている。しかし、失読症は、レナルド・ダ・ヴィンチやアルベルト・アインシュタインやギュスターヴ・フロベールが偉大な仕事を成し遂げるのを妨げないであろう。

宿題 Devoirs

宿題おわったの？　恐らくこれは子どもが最も恐れる質問であり、それほどその質問によって辛い夜を告げられるのである。学ぶことが好きな男の子や女の子には、その質問はほとんどなされない。その子にとっては、「歴史の授業」は「お話しを聞かせて*」と似たもので、数学の問題はなぞなぞ遊びに等しいものである。それ以外の子どもたち、つまり小学校の準備過程に入ることで、学校*で遊び*、デッサンをし、絵を描くことを意味していた黄金時代の終わりを刻印するような大多数の子どもたちにとっては、また、すべての学ぶことが好きな子どもたちにとっても、それは解読されるべき書き言葉に、まさに強いられて入り、次に読み、次に自分で書かなければならない……時代の始まりなのである。すべての徒刑囚にとって、「宿題おわったの？」は、おやつ*の後で、彼らは遊ぶのではなく、勉強すべきであったことを意味している。分別盛り*への悲しい入場なのである。

一九五九年の一つの通達は、初等教育課程においては家で書き物の宿題を禁じているだけに、小学校で「子どもの権利憲章」を教わる時期においては、「ねばならない（devoir）」という語は時代錯誤に思われるかもしれない。しかしながら、五十年以上後になっても、宿題はまさに存在しており、知と宿題を同一視することは、学びたいという欲望に対し最も大きな損害を引き起こしている。子どもたちの好奇心はそれでも旺盛であり、それは、フロイトにとっては何よりも、そして恐らくつねに、どのように赤ちゃんを作る*のか、性器の解剖学的な違いは何を意味しているのかといった、性についての知のほうへと向けられた知の欲動の顕在化した側面である。しかし宿題をめぐって突然現われる葛藤から、子どもは好奇心を満たそうと学校からすぐ離れ、他の所へ行くことになる。それらの葛藤は、まず親たちと子どもたちとの間においてだが、すべての段階において勃発するだけに、その葛藤は塹壕戦やサドマゾヒスト的な関係へと方向を変えることがありうる。これらの場合、子どもがそこに見つける満足は、何時間もの間、親を独占すること、もう一方の親を締め出し、時には近づけないようにしておくことは、夫婦げんかと非常に似ている光景を反復することである。葛藤は親たちの間でも起こる。一人がしばしば他方を「子どもに密着して」いない、親としての義務（devoir）を果たしていないと非難して終わり、夫婦の関係はその被害を受ける。

この段階においては、宿題と知は遊びとのどんな結びつきも失っており、もはや子どもの関心を惹きつけるいかなる機会も失っている。バカンスの宿題……という本当の意味での矛盾形容法(oxymore)

が状況を打開する機会はほとんどないのである。

小児性愛者（ペドフィリア）　Pédophile

ペドフィリア（pédophile）とは、「男色家（pédéraste）」という軽蔑語の後を継いだ医学用語であり、その意味は、当初の意味から相当逸脱して、現在では、日常用語になっている。小児性愛者（pédophile）という用語は学校*でも使用されるようになっていて、「おかま（pédé）」や「中間（bâtard）」、「モンゴル（mongol）」、「おまえのかあちゃんでべそ（nique ta mère）」などの言葉と同様に、差別用語にもなっている。それは、おそらく、自分の体は自分に所属するのであって、誰もそれに触れることができないということを小さな子どもたちに教える、広い意味で教育的に発展途上の段階にある場合に求められている言葉である。その教育的段階が進歩していくと、ボンボン*や写真を差し出して車に導き入れようとする男性に気をつけるようにという昔からよく言われてきたことしか子どもたちに教えなくなるのである。ペドフィリアという言葉が日常用語になったのは、この言葉が指し示しているのはつねに男性であり究極の怪物だからである。大きな邪悪な狼が『M』〔この映画のフランス語題名は M.Le Maudit（悪魔）であり、この映画の偏執者は「赤ずきんちゃん」の狼の系譜に属するという意味だと思われる〕（フリッツ・ラング）になったのである。この一九三一年の映画は幼女を殺害するペドフィリアを捕まえようとする物語である。犯人はあまりに怪物的であるために、警察だけではなく悪党や町全体までをも一体にさせる力を持っている。映画というものの中では、つねに、地球外の生物や大惨事のみが世界を強くしていくのである。

それは、大人のような子どもであるわれわれの同時代人の想像的なものにおけるペドフィリアの位置について語っているのである。それは、決して、精神分析家を驚かせるための言葉ではない。性的なことというのは心的な刺激を与える力を持つというのは当たり前のことだからである。ペドフィリアというのは、過度に肥大した形式のもとで、人類全体に共通の近親相姦のファンタスムを露わにする特殊性を持っている。フロイトは、一九〇五年頃、つまり、『性理論のための3篇』において、子どもに接吻したり愛撫したりあやしたりする母親は、子どもを性の対象、つまり、「性愛のおもちゃ」として扱っていると述べていた。フロイトは、その数年後になって、最初の誘惑者とは、やむにやまれず惜しげもなく与えてしまう愛情や身体的ケアなどによって、子どもたちの官能性を呼び覚ましてしまう両親たちであると付け加えている。しかし、両親が心の中の「ペドフィリア」であって身体の中には存在せず抑圧が余儀なくされているとしても、三面記事を賑わせるペドフィリアたちというのは、両親とは異なっていて、むしろ、自分たちを子どもであると考えようとしている大人なのである。それはウラジミール・ナボコフが小説『ロリータ』の中で書いていた通りの人物である。

女性教師、先生　Maîtresse

「先生、ボクの先生」。イマージュというグループは一九八七年に歌っている。「毎日ボクは学校*に戻ってくるのさ／クレオールの先生が好きだから／……／先生が机の下で足を組むと／ボクは熱いものがこみあがってくるのを感じる／心に火花を散らす」。社会の場面における最初の母親がわりである女性教師との特別な関係は、近親相姦的な愛の印がはっきりと見てとれる（しばしば子ども自身も、定期的に会う「先生」と言うかわりに「ママ」と口にしてしまう）。子どもの欲望は家族を超えた領域まで拡大するのである。

女性教師が好かれるにせよ（ロアルド・ダール『マチルダ』の優しいキャンディ先生）、恐がられるにせよ（ゼップ『ティティテゥフと魔女』のビグロン先生）、生徒たちは無関心ではいられない。親にとって、女性教師というライバルは自分たちの特権を脅かす大いに迷惑な存在だ、と遠慮せずに批判する。ずっと以前から、女性教師という存在が生み出す恐れと、情熱とが混同されてきた。女性教師の身体は好奇心の対象だったのである。「ちょろいもんさ。あの先生は、ろくでもない水着を身につけているぜ」。それはきわめて渇望状態にある愛である。「先生は大人なやり方を知っていた／教室の前に立ってキスを約束してくれた[1]」。

女性教師という誘惑したりされたりという人物は、それでもやはり、生徒に対しては権威の代表者でもある。「女性教師ごっこで遊ぶこと[*]」は滅多に楽しいものとはならない。子どもたちによって演じられる女性教師は、恐ろしく、満足をもたらさない存在で、不当な形で根拠なく生徒を褒めたり貶めたりする。ザジは、「子どもをいじめるため」に、学校の先生になろうとしたのだ！　ザジは予言する。「女の子にめちゃくちゃ意地悪してやるの。床をなめさせてやるわ。黒板拭きを食べさせてやるの。お尻にコンパスを突き立ててやるわ[2]」。これは、諷刺的に女性教師役をサドマゾ的に演じることで前兆を示しているサディズムである。バーベット・シュローダーの成人映画（『女性教師』一九七六年）に登場する全身を革で覆われた支配者、アリアンヌがその具体例である。お尻を叩かれることでしか愛されないなら、女性教師は主人として君臨するのだ。

（1）G. Brassens, *La Maîtresse d'école*, Jean Bertola（歌）, 1989.

（2）**R.** Queneau, *Zazie dans le métro*, Gallimard, 1959.〔クノー『地下鉄のザジ』生田耕作訳、中公文庫、一九七四年〕

白雪姫、シンデレラほか　Blanche-neige, Cendrillon, etc.

「わたしをお姫様に描いてくれる?」五歳のエンマは、妖精である精神分析家に自分が何を期待しているか知っているのだ。どの幼い少女にとっても、お姫様は自分の完成した、理想の姿なのだ。「地上においてかつて誰も一度も出会ったことのないほど美しい」（グリム「千匹皮」）。彼女の美しさは自身のアイデンティティを明確に定めている。その親切さと無垢*さは不可欠な必然的帰結である。「円を描くドレス」は、その成功は恐らくそれが内に秘めているその下にあるものを隠したりさらけ出したりする力に起因しているのであり、その本質的な属性なのである。「シンデレラ」のように、彼女の真実の瞬間は「舞踏会」であり、それは彼女の美しさが勝利を収め、彼女の優位性が明らかなことに、ただちに心を奪われた王子が無数の中から彼女を選ぶ瞬間である。王妃となった幼い少女は、すべての中での一番（*princeps*）、彼女の父親と母親の心の中における一番、それゆえすべての心の中、王子の心をも含めたすべての心の中での一番となることを夢見る。

しかしながら、もし王妃の魅力が彼女を望ましいものの絶対的なシンボルとするなら[1]（ピエール・ペジュ）、王妃の存在は、この理由そのもののせいで、子どもの条件に固有の諸々の問題に襲われた幼い少女が出会う脅かしと災禍を経験している。一般的に、死んでいるか病気である良い母親と、彼女の王／父親に対する力を持った意地悪い継母とに分裂したイメージに直面する王妃は、取って代わろうとしている王妃のライバルの憎しみと羨望に直面するのである。「白雪姫」では娘は自分が彼女の母親の部分対象であると想像し嫉妬を引き起こす。「いとしい鏡*よ鏡、世界中でいちばん美しいのは誰？」「眠れる森の美女」と「赤ずきんちゃん」では幼少期から思春期への移行と彼女が出会う可能性のある数々の危険を物語っている。「ロバの皮」は最も密かに望んだこと、したがって最も恐れられたことを演出している。「彼女〔娘〕が大きくなったとき、ある日王様は彼女を見つめました。そして彼女がすべての点において彼の亡き妻に似ていることに気づきました。そして突然、彼は彼女に対し激しい恋愛感情をおぼえたのです」。空色のドレス、月色のドレス、太陽の色のドレスは、不可能な欲望の比類なき美しさを意味するための三つのドレスである。娘から女性への変身の、そこで勝ち得られたものや失われたものからの変身の物語である妖精物語は、王妃を生成の存在にする。王妃が、王子や、王国や、性や、生殖能力や、幸福を待っていることは、王妃がとりわけ、完全にあきらめなければならないことを除けば、すべてがまだ可能である存在であるということだ。

（1）P. Péju, *La Petit Fille dans la forêt des contes*, Robert Lafont, 1981.

スーパーヒーロー　Super-héros

二歳のヘクトールは黒と赤のぴったりしたパジャマを身につけ皇帝のような出で立ちで輝かしく入場する。「**Ta té Pitemar !**（翻訳するとボクはスパイダーマンだ！）」。スーパーマン、スパイダーマン、バットマン、ファンタスティック・フォー、デアデビルなど、世界恐慌と第二次世界大戦という時代の一九三〇年代にアメリカ合衆国に登場したマーヴェル・コミックのスーパー・ヒーローたちは、カウボーイのポストモダンの後継者であり、神話上の神々や英雄たちの原子力を原動力とする子孫である。おそらく、子ども時代に、自分が魔法を使って、自分にとってははるかに大きなそれらのグランドペルソンヌ（大人たち）*に似た全能の存在であると夢想することで、自身の無力の印を振り払い逆転させた思い出として、悲しみにうちひしがれた人がヒーローを思い描き続けていくのである。「現実の父親を身分の高い父親に取り替えようとする一切の努力は、自分の父親がいちばん偉くていちばん強い男性に見え、自分の母親がいちばんやさしくて美しい女性に見えた、あの失われた幸せな時代への子どものあこがれの表現に他ならない(1)」。

スーパーヒーローに扮することで不死身になった子どもは、ファルス的次元が露わになるような無敵の空想を生み出していくのである。スーパーヒーローは、去勢不安によって脅威にさらされた小さい男の子に対して、超能力や男性性を補強する印（マント、レーザーサーベルなど）を与え、それによって敵を倒し、女性たちが見ている前で怯《ひる》まないでいることができる。子どもは、圧倒的な力を誇るナルシシズムによって自身のファルスに翼がもたらされることで、スパイダーマンのようにビルからビルへと飛び移り、スーパーマンのように空を飛び、黄金のボードに乗って星雲を横切っていくのである。

フロイトは「……何があっても無傷であるということの隠しようのない目じるしを見ただけですぐ思い当たるのは――あの自我閣下のことです。白昼夢にせよ小説にせよ、主人公はすべて、この自我閣下にほかならないのです[2]」と書いている。しかし、スーパーヒーローでも欠点を持っている。それは、マージナルな存在、孤児、障害者、怪物の突然変異などのような欠点であり、自分の力は切り札ではあるが同時に重荷にもなっており、ヒーローたちに、無名なヒーローとしての犠牲的で孤独な運命を課しているのである。ピーター・パーカー、またの名はスパイダーマンのように、子どもは「力が大きくなると責任も増える」ことをプレッシャーに感じているのだ。

（1）O. Rank, *Le Mythe de la naissance du héros* (1909), Payot, 2000.〔ランク『英雄誕生の神話』野田倬訳、人文書院、一九八六年〕

（2）S. Freud, « Le poète et l'activité de fantaisie » in *Freud et la création littéraire*, Puf, 2010.〔フロイト「詩人と空想」『フロイト全集9』道籏泰三訳、岩波書店、二〇〇七年〕

すねる　Bouder

すねる（bouder）は、すぐふくれる人の、前に突き出た厚い下唇のイメージを帯びた接頭辞 *bod-*「膨れた、はれているもの」に由来しているのであろう。すねるは、一つの身振りの技術であり、それらすべては、結末を見いだすのに多くの困難を伴う寸劇のための演出なのである。

「すねるのは難しくない。アヒル口をし、少し頬をふくらませ、上を眺め、黙るか、口の中でむにゃむにゃ言うか、笑わないで隅で動かずにいるだけで十分である」[1]

「子どものストライキ」[2]である、すねることは、すねている人があきらめない欲望に「ダメ*（否）」と言う人に敵意のある顔を向けるものであり、そしてそれは、欲求不満の表現であり、見られるためにすねるのである。誰もそれに注意を払わない。そしてすねることは内的なドラマに方向転換する。隠れていて、誰も探さないし、それゆえ誰も見つけない子どもを映し出している。

すねることはごく頻繁に袋小路で終わる。「ボクがすねるとき、自分でもどんな風にして止めたらいいか決して分からない……」。すねる唇は言葉を閉ざしてしまう。自分の全能をあきらめることができず、敗北したことを告白できず、すねる自我は増大する。それは自らを閉じ込め、さらには中毒になる。「彼女たちは互いに向き合ってすねたままで、不平をつぶやき、とげとげしい気分になり、退屈*から言葉を飲み込み、激しくけんかする」[3]。すねることは、自らを養い、飽き飽きする危険を冒してまで「むくれる」。このあらかじめ負けた戦いは、自己に課した処罰へと変化する。しかし、一言も言わずに、自分の欲望において何も譲ることなく、後になってその実現を戻すことになってもかまわないで「ボクが大きくなったら*……」、結局自分の孤立というよく守られた自分の秘密*から外に出るときに、彼は性格をもまた、鍛え上げるのである。

（1）Titus, Girel, *Moi, je boude*, Gautier-Languereau, 2008.

（2）J. Renard, *Journal*, 1893.
（3）F.-R. Chateaubriand, *Mémoires d'outre-tombe*, 1841.

隅（に行く）、罰　Coin (aller au), punition

隅に行く（aller au coin）という、少し流行遅れの表現は、最初は、殺人の罪をあがなうための代価を意味するラテン語の *poena* つまり罰ほど悲劇的ではない。学校*の先生が、愚か者や反逆者を隅に立たせ、杭に括りつけて彼らに自らの大罪を味わせようとするとき、過ちを犯した者は自分の恥ずかしさと自分が追放されるつけを払ったものだ。しかし次は教師がうっかり背を向けると、服従しない生徒は、しかめ面を向け、彼のほうが教師を笑いものにするのである。

今日、雑誌ではこう問いかけている。子どもたちを罰する必要があるのだろうか？　モラルは形勢が逆転した。罪が大きいのはむしろ大人であろう。大人は動物*を調教し、乱暴な子どもを文明化するために、叩き、平手打ちにしたり、あるいは尻をたたく。スウェーデンやイスラエルでは、法律が肉体への罰を禁じているが、それによる平和がさらに保証されるわけではない。最も良いものを奪うことが権力者の武器であることに変わりはない。デザートおあずけ！　外出禁止！　テレビを奪うこと！　ゲーム機*を奪うこと！　罪に服すと罪ある人は自分の罪悪感から解放される。再び始める準備にとりかかるのだろうか？

葛藤というものは、意見の一致が保証されると、単にお互いの領域を侵さないことが望まれるであろう。いくつかの境界、それを置かなくてはならない。大人と子どもの自然な境界はないのだろうか？　王冠が王様としての子ども*の頭の上に乗った時でさえ、教育は不敬罪のままであり、親が罰として子どもにできるのは、子どもを隅に追いやることだということに変わりはない。いかに子どもを「上手に」罰するのだろうか？　うまくするためには、子どもが罰の恐怖*のほうを好むようにしてはならないだろうか？　しかしこの恐れは、確実に子どもたちを従順にするのであるが、文明化された大人ではなく、単に教養の偽善者たちを生み出すのである。フロイトによれば、罰せられるという恐れよりも良いのは、それは動物にその愚かさをあきらめさせ、殺害者を従わせる、愛されたいという欲求であろう。

　虚偽に対する戦いでは、大人が激怒したが自制し、親密であることができるとき、「隅へ行け！」（最も年長者に対しては「お前の部屋*に行け！」）。それは、あたかも孤独が、興奮した幼い子の心を静めるかのように、また、あたかも四面の壁が世界の雑音を遮断することができるかのようにということなのだろうか。

ずるい、不公平だ　C'est pas juste

オリヴィアは言う「わたしが幼稚園に通っていたとき、他の子たちから奴隷にされていた」。そして彼女はこう結論づける「小さいからって不公平だ」。これは幼少期の寓意的な真実を示した諺であり、カリメロの有名な嘆き「ずるい！　小さくて弱いから～なんじゃない。それは不公平すぎる！」によって不滅のものとなった彼女のパラノイア的な殿堂入りの言葉に値するものである。幼少期以来、自分たちだけの満足を求める身勝手な衝動の圧力のもとに、ずるいは親たちに責め苦を負わすことができる非難の言葉を長々とリストアップする。とりわけ、もし親たちが貴重な聖書の忠告を忘れるなら、「過度に不当であらぬように、同じく限度を超えて賢くあらぬように。なぜ汝は愚かになるのであろうか?」(1)

大きい/小さいというさまざまな不均整の結果が、非難や要求の大部分の根源にある不公平の感情を練り上げるのは、家庭という繭の中においてなのである。学校や教師に、次いで社会にあふれ出す前に、それらは、まず親たちに向けられる。「これはわたしの人生なのに、あなた方がいつもわたしの人生に指図するのは不当だわ」(アリアヌ、五歳)。「ママはいつもパパと寝ているのに、ボクはたった一人でかわいそうなぬいぐるみ*と寝るのは不当だよ」(ラファエル、八歳)。「ずるい。始めたのはお兄ちゃんなのに、しかられるのはいつもわたし……それはわたしが女の子だからよ」(ニナ、九歳)。両親の起こりうる数々の過失、しかしもっと簡単に言えば、親の義務の行使は、同じくらいの侮辱として感じられ、すべての未来のロビン・フッドのスローガン「ずるい!」を使って異議を唱えた避けがたいフラストレーションを生じさせる。これは輝かしい未来へ向けたスローガンである。生まれたてでまだ頭に殻のかけらをつけている黒い雛の、自己中心的な不平から出発したその「それは不当すぎる」は、不公平に対する反逆——ティトゥーフの「それは不公平だ」——から人間的な価値の最も高貴なもの、つまり、人権宣言の大理石に刻まれた革命の誘因の数々へと移行するのであり、それはさらにあまりにしばしば勝ち取るべきある理想にすぎないのである。『正しい』という語は力の動因なのである」とマーク・トウェインは断言していた。すべての子どもたちによって経験された不公平の感情は、彼らを、未来の「怒れる者たち」にするのだろうか？

（1）Ecclésiaste, VII, 16.〔「伝道の書」〕

早熟児　Surdoué

「彼は学校*には飽きている。じっとしておれず落ち着きがない。間違いなくIEP（知的早熟児）だ」。彼らは早熟児と呼ばれ、注目してその状態を目指すというよりは、日常生活の支障となる症状を発見する——疑いをかける——ことが望まれる。しかし、以下のように疑念を示す人もいる。「私には早熟児が存在するのかどうかわからない。ただわかっているのは、早熟児の親は存在するということだけである」（フィリップ・メリウー）。また、コクトーは「神童というのは、両親の想像力が強大である子供のことである」と言っている。両親というのは、子孫*の品質が自分たちに与えてくれる自己愛的満足感に浴するために、自分たちの王様としての子どもをつねに理想の位置に高めようとする。そして、早熟性というものがきちんと定義されていないことによる診断的な曖昧さを利用して、子どもの「卓越性」を主張するのである。子どもの「卓越性」が保証されれば、自分たちの子どもに障害があって場合によっては苦痛があるかもしれないという問題を適切に解決してくれる利点を持っているからである。もし、こうした形で公式の呼称が、「才能」を付与された「早熟な」子どもを命名するのに有用な「早熟児」と呼ぶ虚栄心を捨てていたとするならば、今頃は、並外れた才能を持つ天才少年という概念が論争を巻き起こし続けているだろう。しかし、天才の可能性とはたいていの場合は「成長過程での一つの力」にすぎないことから、アメリカではむしろ「基準以下児（*underachiver*）」と呼ばれた英語が使用され、さらにその英語がケベックでは、単なる可能性と実際に実現したこととの間のよくある「隔たり」を強調し、さらには、逆説的な仕方で、余白に先生が赤字で「もっと良くできる」と書く古典的な記述を思い起こさせないではいられないある形式の能力のなさを公然と非難する sous-réalisateur というフランス語に翻訳されたのである。ベルギー人に至っては、「才能」と障害を厳密に同じものと考えた。天才として知られている子どもの中には学校に通わなかった子どももいる。たとえば、アインシュタインも言語の問題を抱え、よい生徒ではなかった。しかし、恐らくは規範や有望さを超えたところにあるそれらの人を魅了する能力が引き起こす妬みから、子どもの「才能」を障害へと還元してしまう行為が生じるのである。そこに見いだされるのは、子どもの割には悪魔的な特徴を示す人物像や、子どもの身体を持った大人、就学前に一挙に習得している子ども、場合によっては、レオナルド・ダ・ヴィンチやモーツァルトに引き続いて、世界的な文化遺産を築き上げていくことになる子どもたちなどである。それは、彼ら自身の不滅性やそれに付随した親たちの不滅性を保証している。将来有望な天才に重くのしかかるさまざまな期待のために、子どもたち自身は、普通の子どもたちとのさまざまな違いによって価値づけられたこのような「隔たり」に対して厳しい対価を支払っていかなければならないのである。

早熟な不良少年 対 聖歌隊の子どもたち〔世間知らず〕 Délinquant précoce vs enfant de chœur

早熟な不良少年を聖歌隊の子どもに対立させるという挑戦がある。前者は最近つくられたものであり、一方、後者はもはや埃にまみれた一つの思い出でしかない。もはや聖歌隊の子どもたち〔世間知らず〕はいない。また、それゆえ、賢いか賢いふりをしている子どもがそのような形で表わされる機会もほとんどない。現代の学校の中庭では、彼はむしろ「インテリ*」として扱われるであろう。

もし、時事問題のスポットライトで、そのような生々しさを持った早熟な不良の子どもという人物像が舞台の前面に照らし出されたならば、それはその人物像が十八世紀以降子どもに与えられた純真〔無垢*〕さと対照をなすからである。早熟な不良少年は、嫌悪感を起こさせるイメージの典型である。彼は今日では無法地帯、文明全体が失われた後の混沌を象徴化している。彼が烙印を押されることは増加しており、三歳から彼を追跡する提案が試みられたほどである。このことは彼が、大人たちと、衰弱した社会の不安と罪悪感を受け入れるのにどれほどふさわしい投影面であるということを示しているのである。

しかしながら、ずっと以前から、その最も根源的な残忍さへと退行する能力をはらんでいることで、恐ろしいものとなる未来が約束されているこのような子どもの姿が再び見いだされてきた。ガヴローシュ〔『レ・ミゼラブル』の登場人物〕はまだほろりとさせるままに止まっているが、すでにチャールズ・ディケンズにおける、オリバー・ツイストの仲間たちや、『困難な時代』（一八五四年）のグラドグラインド氏の子どもたちは、平気で何でもやりかねない大人たちによって、いささかも容赦ないまでにゆがめられている。次にモーリス・ピアラの映画[1]を経て、子どものおぞましさは、ウイリアム・ゴールディングの小説、『蝿の王』（一九五四年）の邪悪な仲間によって頂点に達している。そこでは、子どもたちの集団が、大人のいない、野蛮で全体主義的で危険な小社会という形で形成されている。

おそらく、この反復とこの急進化には、大人たちが受け入れがたくて、それなりに合理化したある感情、つまり子どもたちと幼少期に対する憎しみによってゆがめられた表明に気づかなければならない。社会が、純粋で優しく、庇護のない子どもという理想化されたイメージを作りだすほど、子どもたちが暴力的で、横暴で感情的でもあることがわかると失望する。それで、理想にはほど遠いが、そこでは殺人がはびこり、ライバルや邪魔者たちを力ごなしに殺す無意識の現実にはかなり近い子どもの像を捨てるか、攻撃しようとすることは魅力的なのである。

（1）*L'Enfance nue*, 1968.

祖父母　Grands-parents

「おばあちゃんは写真のような白黒の世界で生活していたの?」「おじいちゃんは中世みたいな感じで過ごしていたの?」「パパやママが死んでも、大した問題ではないね。いつでもおじいちゃんやおばあちゃんのところにいけるから」。祖父母というのは、過去の証人であり、世代間のヒエラルキーを代表する人であり、伝統的時代と現代との連続性を体現する存在で、家族を家族自体の過去のみならず集団的歴史へと結びつける役割を持っている。祖父母の存在は、両親自身もまたかつては子どもであったことを想像させてくれる。しかしながら、子どもと祖父母の間のつながりの力は、不可逆的な別離の脅威に従わざるを得なくなる。つまり、祖父母たちは、祖先の番人でありながら、消滅へと導かれる世代に属し、子どもに喪の最初の経験へと触れさせうる存在なのである。「祖母は死んでいた。（中略）この喪のベッドの上に、死*はすでに中世の彫刻師のように、彼女を乙女の姿で横たえていた[1]」。祖父母は消えてもたびたび新生児の名で戻ってくることがあるが、それは永遠の約束を子孫に対して保証しているかのようである。

　おじいちゃんとおばあちゃんの家には、ある雰囲気が存在する。それは、たいていの場合まず何よりも独特の香りでもある。子どもは祖父母の家に安らぎの次元を見いだすが、そこでは、言葉や動き、声の響きや、独特の音声などがたくさん詰まった対象が、時代の香りを運んでいるように見えるからである。大時計のチャイム、庭のネギ、写真箱、納屋や屋根裏部屋などもそうしたものである。子どもに多くの快がもたらされうる台所についてはどうだろうか。おばあちゃんのおやつ*というものは子どもにとってきまって素晴らしいものなのだ。祖父母は、理想化された人物で、教育的機能を果たす人物ではなく、安らかで自由でしなやかな権威やある種の恒常性を体現する存在なのである。彼らは、同じ家に住み続け、変わらぬ固定電話の番号は子どもが暗記してしまうという、ささやかな習慣を持続させる存在なのである。

そして、両親も歳を取ると、「祖父母」が十九世紀以来の祖先にとって代わるようになる。「おじいちゃん」や「おばあちゃん」は曾祖父母の元へとゆだねられ、今度は「パパ」や「ママ」が祖先により近い位置を占めるようになる。両親には、やさしく呼ぶ名前――babouchka《バブーシュカ》（ロシア語で「祖母」）から abuelito《アブエリト》（スペイン語で「祖父」）までや bonne maman《ボンヌママン》から bon papa《ボンパパ》まで――が付与され、そこでは、両親に対して残しておいた感情の両価性《アンビヴァレンス》が保持されているように見える。子どもと祖父母は、ときに、両親に対する感情を共通の感情として持っているので、新たな共犯関係が切り開かれる。祖父は子どもに「お父さんという、共通の敵がいるね」と口にしてしまうのだ。

（1）M. Proust, *Le Côté de Guermantes*, Gallimard, 1921-1922.〔プルースト「ゲルマントのほうⅡ」『失われた時を求めて5』井上究一郎訳、筑摩書房、一九九三年〕

退屈 Ennui

「私は何ができるのかしら……？　私は何をしたらいいかわからない……」。ジャン＝リュック・ゴダールの『気狂いピエロ』（一九六五年）の有名なシーンで、若いマリアンヌは浜辺を歩き、小石を海に投げながら、はやり歌のリフレインのようにこれらの言葉を発する。子どもの退屈は大人に自分の無力を知らしめる。

退屈は夢想と接近しており、もし本当に時間に身をゆだねるなら、創造性へのステップになりうる。ところが、子どもたちによる退屈のこうした変換に適した空間は、しばしば大人たちの活動主義によって脅かされており、それほど退屈というのは大人たちがひどく恐れている状態なのだ。これが子どもたちや大人たちの自由な時間を占めるために多種多様な余暇が広く実施されている理由である。言い換えるなら、時間をつぶし、無駄な時間を避けるためである。とりわけ長いバカンスは、ユロ氏〔ジャック・タチの映画の登場人物〕のように、追い払わなければ退屈が子どものように容易に押しかけるのである。砂の城は本当の城塞になり、貝殻はポケットいっぱいの宝物になり、自転車は周りを探検するための豪華な乗り合い馬車になる……。子どもは退屈を大笑いに転換させてしまう能力に秀でており、一方、大人は確かにそれをまさに失っていたのである。

親たちは子どもたちが退屈するのをひどく恐れ、自分たちの赤ちゃんが*、退屈なのではないかと心配する。赤ちゃんが生まれるとすぐに、鏡や紙をがさがさ させたりするものや、鈴や他の飾り物などで飾られた「プレイジム」の下に置かれる。彼が何年か後に、過活動な子どもになることには誰も驚かないだろう……。それでも、赤ちゃんには退屈に対するいかなる恐れもない。退屈は、一時的な体験と切り離すことができるものではなく、時間性が子どもにとって知覚できる概念になった瞬間からしか感じ取られえない。これはおよそ三歳か四歳頃に起こる。退屈に対するドイツ語の単語はこの時間性への関係をとてもよく表わしている。*Langeweile* というのは無限に引き延ばされた時間である。時間から抜け出すことができず、その果てしない広がりに、出口を見ることなく時間の囚人となること……。退屈する人間は実存主義の哲学者の興味を引く。ハイデガーはそこに人間の条件を見る。キルケゴールは、彼が「すべての悪の母」として認める無為にそれを対立させる。退屈（ennui）はラテン語の *odio*、憎しみに由来する。耐えがたい退屈は、お互いの憎しみを生じさせる。十二世紀に現われた退屈という語は、最初は「激しい苦しみ」を意味し、次に「深い悲嘆、悲しみ*、嫌悪」を意味したが、徐々にその意味が弱まっていくうちに、「疲労、意欲や快楽の欠如」という意味を帯びるようになっていった。

幸運にも、子どもは大人とは対照的に、耐えがたい退屈を熱中させる遊びに変えることができ、そうすることにより「退屈は、悪のうちでも、もっともがまんしやすいものの一つである[1]」。

(1) M. Proust, *Sodome et Gomorrhe*, Gallimard, 1921.〔プルースト「ソドムとゴモラ」『失われた時を求めて7』井上究一郎訳、筑摩書房、一九九三年〕

抱きしめる、ハグ(キス)　Câlin (bisous)

これはかかわりの語であり――他の語で置き換えることは不可能である――そのかかわりがなかったなら、ハグは不条理な抱擁へと変質してしまう。「私は自分自身を自分の腕の中に抱き、そして抱きしめた。私はそれが生み出す情的な効果を見るために抱きしめ直した[1]」。

この語が持つ元来の意味の侮蔑的な特徴――十六世紀の *calin* という語は乞食や怠け者を指した――は時代とともに、有益な意味の転倒を被ってきた。*Caliner* が「(暑いという意味の *calare* から派生した、「日陰で休む」)」になったのは、まずノルマンディー*の土地においてであった。その意味が拡大され、Câlin は安心させ慰めとなる領域となるが、それは悲しみには最も確かな薬になるのではないだろうか?

もしハグという語が、他者が不在ならば繰り返されることはないという特徴を、くすぐりと分かち持つとしても、ハグは本来、くすぐりとは異なっている。ハグの優しさは興奮を排除し、子どもの優しく可愛がられる能力を促す。肉体と肉体との、というより、肌と肌とのハグは、優しさの表現の、普遍的で特権的な形式である。それは、過度の官能性を抑圧されたままに快楽を可能にする「目的に関して、静止させられた」（フロイト）欲動のことである。「ママ、ママがぼくにハグをするたび、ぼくはドキドキするんだ」。

共有された優しい時間以上に、ハグは子どもの発達に与することになる。母親（あるいはその代理人）とのふれ合いや温もりを奪われた子どもは、きちんと養われていようと、発育に深刻な問題がみられるであろう（精神科医のスピッツは、乳児院に入れられた愛情が欠乏した子どもたちの観察から、施設症候群について記述した最初の人である）。

反対に「両親の過度の優しさは、性的成熟を加速させることで有害となるであろう。またそれは子どもを『堕落させるであろう』から、彼の未来の人生において一時的にでも愛がないと我慢できないか、少ない量の愛では満足することができないようになるであろう」[2]。ハグを、だが過度にならない程度に。「それはママより強い。ママは私を抱きしめずにはいられない。ときどきママは、ぼくを窒息させる！　それ以上に、自分のキスを押しつけてくる！　ママが大好きだが、キスは好きじゃない！」[3]

キスという語は永遠に、幼少期の愛の対象への優しい結びつきの痕跡をまとっている。――「おお、優しく（câlin）て心の温かい、恋している女よ、彼女は時折あなたの額にキスをする、子どものように！」[4]大人になった子どもにとって、退行的な愛情の追究が、ある受け入れがたい性についての告白のように響く、一人の弱い者とみなされる危険がある。「フリー・ハグズ」（無償の抱擁）についてどう考えるのか？――新しい千年紀の曙にオーストラリアで生まれた、プラカードで識別できるような、ある運動のこれらの信奉者たちは、通行人たちに、つかの間の優しいハグを提案する。

（1）É. Ajar (R. Gary), *Gros-Câlin*, Mercure de France, 1974.
（2）S. Freud, *Trois Essais sur la théorie de la sexualité*, Gallimard, 1923.〔フロイト「性理論のための三篇」『フロイト全集6』渡邉俊之訳、岩波書店、二〇〇九年〕
（3）N. Monfils, C.K. Dubois, *J'aime pas les bisous*, Mijade, 2010.
（4）P. Verlaine, « *Vœu* », *Poèmes saturniens*, 1866.

ダメ（否）、違う　Non

「ダメ（否）！」何という快感であろうか。ある年齢に到達すると（言語を初めてコントロールする年齢からはほど遠いが）、好きなときに「ダメ」と言うことができるのである。否定や否定が意味する拒絶を獲得するというのは、逆説的である。つまり、子どもは、この「ダメ」によって自らを肯定できるようになるからである。「我『否』と言う。故に我あり」。この「否」は、反抗することに満足しているのではない。「ダメ」というのは、自律の境界、その後、親密さの境界を設定して、他人には超えさせない障壁を大人に提示しているのである。子どもは、この「ダメ」によって、自らの権限を認識できるようになる。権限というのは、つねに「ダメ」という権限である。反対に、託児所でも、何でも承諾してしまい、満ち足りている子どもは、非常に愚鈍であるように見える。

話すより前に「ダメ」というのはあるのだろうか。フロイトは以下のような仮説を明確にしている。それは、口唇活動が「あれを食べたいという願望か、吐き出したいという願望」をなしていて、肯定と否定という言語的で知的な対立物を先取りしている、という仮説である。それは、自我の内か外か、あるいは「諾」か「否」かという対である。「ダメ」というのは、吐き出したいということであり、それは誰かある人に差し向けられた一つの関係性でもある。子どもが吐き出すものは、母親が呑み込ませたいと思っているものであって、決して自身にとって不適切な栄養物なのではない。動物*の場合もまったく同様の吐き出す能力を持っているが、それが、どれほど過剰な愛や憎しみや不安によって成り立っていたとしても、動物が結局吐き出すのは、ほとんど食べることのできない余分なものなのである。

子どもというのは「ダメ」と言うことを好む存在である。王様としての子どもの*時期に権威を作りだしているこの「ダメ」という言葉は、ますます両親が口にすることが難しい言葉になりつつある。どれほどの親が、以下のようなやりとりに耐えることができるのだろうか。「ダメ！」「どうして？*」「ダメだからダメ」。両親の「ダメ」と出会ったことのない子どもの人生は、その後、さらに困難なものになっていくだろう。子どもが「否」という判断を受けるためには、どれほど愚かでどれほどの悪い行いをしなければならないのだろうか。この「ダメ」という言葉は、子どもに対して、欲望――快に対して行きすぎたり破壊に向かわせたりすること――から離れさせ、可能なものと不可能なものとのを区別する言葉なのだ。

誕生日 Anniversaire

すべての国民によって実践されている近年の習慣である誕生日は、とくに子どもたちが力を注いでいる。その日は歌で「誕生日おめでとう（ハピー・バースディ）」を願い、プレゼントが贈られ、ロウソクをそえたケーキが祝いと一緒にだされる。最も若い人たちにとって、両親たちはお祝いを準備する習慣があり、そこに小さな仲間や友人たちが招待される。それが誕生日に招待する慣習のはじまりで、少なくとも中学入学まで、ときには生涯を通じて行なわれる。

誕生日は「自己（モワ）」のお祝いであり、「王様（ロワ）」のお祝いである。大人たちがその効果を狙ってある場所を予約し、サプライズパーティを開くことで、子どもたちのように自分の誕生日を祝うのは、単に、社会の最近の現象というわけではない。それはわずかな時間、幼少期の喜びを再び見いだしたいという密かなノスタルジーの欲望を表わしている。ある大人たちにとって、人に自分の誕生日を忘れられるのが耐えがたいのは、幼少期の回想や彼らの不公平さの回想にも属している。情愛の深い親たちは彼らの可愛らしい子どもの生まれた日を忘れることなどできないのだ！　自分の誕生を祝われることで、自分が望まれ*、愛されていることを知ることができる。それは子どもにとって成長することを誇りに思い、大人たちの世界に一歩近づいたと感じることでもあり、そういうことで、一、五、十、そしてもちろん十八という大人の年齢といういくつかの象徴的な誕生日が重要になってくる。

フランス語の誕生日の語源は獲得された年に重きを置くのに対し、他のヨーロッパの大部分の言語は、祝われるのは誕生（バースディ、ゲビュルスターク）であるという事実を前面に置いている。誕生日を祝うというのは西洋ではローマ人たちの時代に遡るが、彼は幸福と加護かなえられるようにと、祭壇に何本もロウソクを並べた丸い蜂蜜の菓子を捧げ、誕生の日を制定したのである。中世になると、ローマカトリック教会は、この個人の祝いに敵意を抱くようになり、イエスに誕生を祝う特権をとっておいた。十八世紀になって初めてイギリスとドイツで誕生日の慣習が置かれたが、フランスではその習慣は十九世紀の終わりになってからである。今日では、一年に二つの大きな「子どもの」祝いの日があり、それらはどちらも同じくしきたりとなっている。つまりクリスマスの日がそれである。ある子どもがクリスマスの日に生まれたならなんという悲劇だろう。他者が子どもからスターの座を奪ってしまうからである。

　しかしながら、子どもにとってこの晴れの日は耐えがたい日でもある。子どもは、他の者が自分に示す愛に見合うような態度を示さなければならないという圧力を強く感じ、不安になるからである。それほど子どもの行きすぎた期待は、失望にさらされている。明らかに、一人の誕生日は兄弟*たちや姉妹たちや親しい友人たち等、他の人の嫉妬を引き起こす。これは否定できない事実である。誕生日、それは一年に一度しかない。残りの時間は『不思議の国のアリス』のハンプティ・ダンプティのようにすることで満足するしかない。「それで、私たちは私たちの真剣なお願いと一緒に、私の楽しい非・誕生日をみんなにお祈りするのよ、あなた！　皆さんは一年に一回しか誕生日がないの……。

ああ、でも三六四回の非・誕生日があるわ。今日はそのうちの一回をお祝いしましょう」。

ディスプレイ（ゲーム機）　Écrans (consoles)

『テレタビーズ（Télétubbies）』の話題を聞かなかった人がいるだろうか？　彩られた牧歌的な映像を伴った赤ちゃん向けのこの放送の成功は、一九九〇年に放映されると、活発な論争を引き起こした。初めて、テレビ番組が乳児たちを対象とし、催眠にかけるような映像を流し続けたからである。二十年が過ぎ、ディスプレイはあらゆる形態（タブレット、スマートフォン、コンピューター、ポータブル……）の下に、いたるところにあるため、驚くこともなくなった。最も幼い子たちでさえ、タブレットを使うことができ、おまけにそれらをしきりに使いたがる。そのとき以来、親たちは次第に、つかの間の休息のために、テレビやデジタル製の子守りに頼りがちになる。しかしそれに不安がないわけではない。もし子どもたちのアニメやビデオゲームへの熱中が全体的なものであるなら、映像的なものの彼らの日常への浸透が、次のように問いかける。知能にどのような影響を与えているのか？　映像は想像力の発達に害になるのだろうか？　どのような制限を儲けるべきか？　答えのない中で、親たちの教育学的忠告はますます増えるばかりだ。

社会と家庭の中心とを結ぶディスプレイの使用は、制御の対象となり、しばしば世代間の力関係の制定へと導く。小津安二郎の映画、『お早よう』（一九五九年）の兄弟は、だんまりを通すことで、テレビに対する両親の警戒心に打ち勝つことになるのである。

「ゲーム機やインターネットやテレビ禁止!」という言葉が古典的な「外出禁止!」に取って代わった。ディスプレイに対する魅了は、外へと向かう社会性への探求を犠牲にして成り立っているように思われる。ビデオゲームより危険でない集団のゲームに代わるものをもたらす。集団のゲームはまさに現実の葛藤の危険を広まらせるからである。虚構に没頭し、自分たちの未熟さに結びついた数々の障害から解放された子どもたちは、そこで自分の全能を行使するのである。しかし、現実から一時的に抜き取っているこの没入は、ひきこもり*の状態にある日本の若者たちのやり方で、気になる様相を身にまとうことがありうる。自分の部屋に閉じこもった彼らは、ヴァーチャル以外のすべてのコミュニケーションを止めてしまったのである。

（1）一九九七年から放送されたイギリスの幼児向けテレビ番組。

デッサン　Dessin

「どうして、お前は脚が八本のヒツジを描くの?」と父親が尋ねる。アリスは言う「オオカミに追いかけられたら、もっと速く走るためよ」。ぞんざいな絵からよく練られた象形的な活動へ、クレヨンで描くことから色の直感的認識へ、形の定まっていない線から理にかなった形へ——人、家、お日様、木、花など——。デッサンは、幼少期の季節のリズムで生まれ、活気づく。子どもは粗描家であるというのは、ほとんど一つの紋切り型である。それにもかかわらず、子どものデッサンはラスコーの洞窟の壁画を見て呼び起こされる高揚にも値する出来事である。

ある日、クレヨンを持った伸びた手が紙の上を散歩すると、それは、「ある運動によって動かされた点の現象」(1)の喜びにあふれた発見となる。偶然の、不明瞭で、曲がりくねっていて、揺れ動いているか、あるいは、それら自身カオスに至るまで酔っぱらっているかのような数々の線は、絶えざる奔走のうちに、ここを出発したかと思うと、そこに戻ってくるのである。受容力のある表面との出会いに任せた単純な自動的な筋肉のエネルギーの放出なのであろうか？　その歓喜に満ちた乱雑さはそれを信じさせることができるだろう。しかし絵描きの身振りは不動と一時的な孤独の能力を意味しており、精神の成熟によって裏打ちされた身体の調整のある種の制御を要求する。頭から指の先までの行程に集中させられた線描の衝動は、機械的な反応に還元できない身体の経験の現われである。それは、自らを運動だと思う抑えきれないエネルギー、「線の欲望」(2)から力を汲み取るのである。

初期の幼少期の創作活動を支配している要素、たとえば、独楽遊びのような絶えず繰り返される数々の円をご覧なさい。そこには、回るものすべてに対する最初の幼少期の快のリズムの徴が見られる。「円弧を描くもの、それは一回りするものであり、その一回りは出発と回帰を含んでいる。出発することの危険と喜び。それに続く帰ることへの欲求……円弧を描くことによる興奮させる繰り返し」(3)、なぐり描き、つまり、幼少期の原初的な魅惑がわからない大人の眼差よりいっそうこの語は自由奔放に線のこれらの運動による爆発的無秩序に対する不安含みの非難を表わしている。なぜなら、小さな手が「くる、くる、くる」と、三つ小さく回った後、いなくなる小さなマリオネットとは違って、快楽がもっと*そしてもっとそれらの手を走らせ、回転させるのである。完成することがないため終わりのない反復。すぐにそれらの形を確信するが、萌芽状態の形が出現するのをそこに見る驚き。規則の使用による欲求に支えられた形象への意図に応じて、子どものデッサンが、イメージへの一つの経験として真面目に実現される。それは、「イメージによる経験」[4]としてではない、何人かの芸術家がその想像的な力を見抜いている子どもの見る力の証拠物である。「子どもたちのように描くことを習得するのに私には全生涯が必要だった」とピカソは言っていた。

(1) P. Klee, *La Pensée créatrice. Écrits sur l'art*, vol. 1, Dessain et Torla, 1973.
(2) H. Matisse, *Écrits et propos sur l'art*, *Hermann*, 1972.
(3) H. Michaux, *Déplacement, Dégagements*, Gallimard, 1985, p.57.
(4) E. Permoud, *L'Invention du dessin d'enfant*, Hazan, 2003.

どうして？　なぜ？　Pourquoi

「子どもがまだ子どもであったときには、次のような問いがよく出てきたものである。ボクはどうしてボクなの？　どうしてキミではないの？　どうしてボクはここにいるの？　どうしてボクはそこにいないの？」ヴィム・ヴェンダース監督の映画『ベルリン・天使の詩』（一九八七）の中に出てくるこうした一連の言葉の実存的響きは、すべての子どもが、「どうして？」という段階において、つまり、三、四歳の頃、小さな形而上学者になっていることを教えてくれる。最も自然な状態である小さな子どもは、大人たちがずっと以前に忘れたかあるいは遠ざけた答えのない問いを立てるものなのだ。どうして海は塩辛いのか？　ボクたちの涙も塩辛いから、海はものすごく泣いてしまったのだろうか？　どうして雪は白いのか？

独特な論理に由来していて親たちを困らせる「どうして？」というのもある。

「ママは学校[*]に行ったの？」「もちろんよ」「えっ、そのときどうしてママはまだ小さかったの？」

両親の注意を引きつけておくための手段としての自己目的になるような「どうして」という決まり文句もある。多くの大人は、自分には答えることができないと感じている問いを押しつけられてイライラする。しかし何回注意しても無駄である。「セドリック、あなたはもう一度質問してくるけど、ママは『どうして？』と言われると、うんざりするわ」「どうして？　ママ？」幼少期の「どうして？」は、因果性を探求していることを示しており、理解しようとする望みよりも先に進んでしまう。大人の「理解したい願望」と子どもの「どうして？」の間のきわめて特異的な関係は、精神分析的な手法にも見いだされる。分析主体というのもこのような子どもであると考えれば、つねに、子どもはあらかじめ「どうして？」を携えており、それに対してなかなか答えてくれない経験をするのもよくわかるだろう。子どもの場合も分析主体の場合も、質問を差し向けられている人間自体が問いの一部をなしていて、その問いの起源を担っていることが多いからである。

哲学が始まった頃、アリストテレスは、答えの見つからないいくつかの問いを見いだしている。それは、真のアポリア的結び目を引き起こす問いである。しかし、もし、子どもというのが哲学者の卵であるとしても、すべての人がこうした哲学的問いに耐えられるわけではない。そして、本来は他人という安心感を与えてくれる存在によっては十分に満足できない自閉的構造に囚われている子どもにおいて、「どうして?」という言葉は、真の精神病性の不安を示していると言える。五歳の自閉症児トマは、赤い絵の具で汚れた手を洗った後で、しつこく以下のように繰り返すのであった。「赤い絵の具はどこに行ったの? 水道管の中にひとりぼっちのままになるの? 絵の具のママはひとりぼっちで泣くの? ママは赤い絵の具を探すの?」といった具合である。質問相手が能力不足の場合、「どうして?」はたちまち破壊的次元をとることになる。イライラするというよりは、子どもの「どうして?」によって喜ぶ大人もいる。そうした大人たちは、自分たちが子どもよりつねに一歩先に進んでいることを安定した形で確認できるところに子どもたちの問いを置く能力を持っていることを示しているのだ。

動物 Animal

生きていようと、死んでいようと、子どもたちの間で諸々の動物の人気は時代を超越している。紀元前二千年以上前、エジプト人の子どもたちは輪のついたライオンを自分の後ろに引き連れていたし、一方、古代ギリシア人の若者たちは土を焼いて作ったヤギやウサギや他のカエルのミニチュアをコレクションしていた。

たとえ可愛がられたとしても無駄である。動物たちはその保護者たちの両価性《アンビヴァレンス》の犠牲になる。自分よりも歓迎される小さなものとは何だろう? 子どもは、大人たちのひどい意思に左右されているのだが、今度は自分が全能力を行使することができる番だ。モーリス・ピアラの『裸の少年期』の中で、公衆の前に出るのが困難なフランソワは、受け入れ先の家庭から拒絶される。彼は猫を素早く捕まえ、それを階段の高いところから落とす。その残酷さに愛情のこもった思いやりの態度が続くのである。フランソワはその傷ついた猫を自分の庇護の下に置き、その手当てをしようと努める。動物たちの保護者の背後に、蝶の羽をむしる子どもがいる。セリーヌの『なしくずしの死』の中で、フェルディナンの祖母は、彼が楽しむことができるように、一匹の子犬を買い与える。「ぼくは彼にぼくの父親がするようにしたかった。ぼくたちだけのとき、ぼくは彼を意地悪で荘重な一撃を食らわせた。彼は家具の下でうめき始めた。彼は許しを請うため横になった。彼はまさにぼくがするようにしたのだった」。子どもは自分を攻撃する者と同一化することで（アンナ・フロイト）自分の伴侶の動物に対し、自分が他の所で犠牲者である諸々の行ないを繰り返すのである。

　動物たちはまさに別の長所も持っており、彼らは敵意を失わせる自然さによって大人*たちが隠そうと苦労していることを明るみに出す。動物園を出るときに乗じて二匹の猿の交尾を観察することは、若い見物者たちを少し呆然と、しかしつねに興味をそそられる。彼らには性の神秘についての思いもかけない地平が開かれるのである。

　病気や死*に関するタブーもまた動物のおかげで部分的に取り除かれる。『禁じられた遊び』[1]のポーレットは、自分の犬を埋葬しようと望む。「それはいい考えだ」とミシェルが言う。「ボクたちで素敵な小さなお墓を作ろう！」二人の子どもは気味の悪い遊びに熱中する。蜂やひよこやモグラなど、一方が他界することは他方の喜びとなる。それぞれの動物のために、穴を掘り十字架をかかげ、祈るのだ。

（1）R・クレマンによって撮影された。一九五二年。

どのようにして赤ちゃんを作るの？ Comment on fait les bébés ?

「いまこそ子どもたちが性生活の神秘について親たちを啓蒙する時だ」（カール・クラウス）。

この質問は、下の子が産まれる時だけでなく、その誕生によって引き起こされる嫉妬の悲劇の際にも、必然性に緊急性をつけ加えてなされる。それは、もちろんその邪魔者をそこに送り返すという期待のもとに、どこから赤ちゃんがやってくるのかを知ることである。しかしより深く考えれば、この偉大な質問の不意をついた出現は、子どもの自我がもはや世界と一つではなくなる瞬間と一致している。一個の「私」、そのような「私」であることを意識した「私」になる時が告げられる瞬間である。性への関心は、子どもが不確実さでいっぱいになって発見する自分自身の世界への到来、自らの起源への問いかけと混ざり合う。「ボクがいなかったときボクはどこにいたの？」「ボクがまだ死んでいたときボクはどんなだったの？」このように解きがたい、性的で実存的な問題点を負わせられた質問には、本当に満足させるように答えるのは、難しく、恐らく不可能である。今日、その質問が主に向けられる親たちは、もはやコウノトリやキャベツ畑の寓話を持ちださないが、植物の隠喩の今日的な流行は、大人の知の不可避の当惑を堅固なものにし、それゆえ、その当惑は子どもの性教育に関連したあらゆる情報によって力を得ているのである。ママのお腹に植えられたパパの小さな種というイメージは、必然的に、そこに至るまでどんなふうにしたのかという新たな質問を呼び起こす。赤ちゃん*はママのお腹のどこから出てくるの？　あけすけにものを言う説明は、質問の本質が手つかずのままであることを妨げない。それは、いつも、明白に定式化された質問は、幻想と欲動の諸々の源泉において汲み取られた数々の答えを謎に直面させるために、子どもによってでっち上げられた答えに先行されていることが明らかである。『幼児の性理論について』（フロイト）は客観的な知を逸脱している。「赤ちゃんができるのは、精子によってである」。まったく十分な答えが得られない質問は知ることの欲望の快楽のために他の問いに通じていくことしか求めることをしない。トーマス・エディソンが、もし子どもの好奇心、つまりガチョウのお母さんのように卵を覆うことで卵を孵《かえ》させようという好奇心を満足させていたら、電球を発明していただろうか？

泣く（泣き言をいう、めそめそする、わめく） Pleurer (Pleurnicher, Chouiner, Chialer)

「涙は、苦しみについて黙っている言語である[1]」

乳幼児の叫びは「涙」なしの最初の表現様式を構成する。泣くのを止めるために周囲の正しい解釈を呼び起こそうとする神秘的なメッセージなのだ。反対に、涙による責めが両親の耐えられる限度を超えると、幼児の抑えきれない涙は大人の無能ぶりを仰々しい形で強調し、ときには、最終的に揺さぶられるという悲劇にまで至る。さらに、幼児の叫びに直面した大人の無能ぶりはときにサディスティックな解決を見ることがある。「いつまで泣き続けるんだ！　時間がずいぶん経っているぞ！」という屈辱である。または、「ほっとけばおさまるだろう」という無関心である。「泣くのをおよし。

みんなが困っているわ」。

叫びとは、その対象となる相手が存在し、子どもの体験の質はその涙の意味の解釈に依存するのである。もし、涙という「目の飾り」が、誘惑という恐ろしい力に困惑している人にとって美的な価値を持つものであるとしたら、「泣き言をいう」というのはだますということになる。「ほら泣き始めた。……泣きたいだけ泣くがよい。それには私はだまされないよ[2]」。「めそめそする」子どもは、カリメロのように、いつまでも続く「めそめそ」のために、誰にも相手にされなくなるのである。「わめく（chialer）」は、子犬（chiot）や「目に糞をする」という言い回しに由来している。後者は差別用語である。

泣く（笑う）は人間の本性である。少年モーグリは、人間の世界に出会ったとき、「胸の中が何かぎゅうっと締めつけられるような気がして一瞬息を止めたかと思うと、泣きじゃくり始め、涙がはらはらと彼の頬をつたって流れ落ちた[3]」と述べている。

（1）Voltaire, « Larmes », in *Dictionnaire philosophique*, 1764.〔ヴォルテール『哲学辞典』「涙」より〕
（2）G.-E. Clancier, *Le Pain noir*, Robert Laffont, 1956-1961.
（3）R. Kipling, *Le Livre de la jungle*, Mercure de France, 1906.〔キプリング『ジャングル・ブック』高畠文夫訳、講談社、一九八一年〕

乳歯　Dent de lait

「うん、ボクは赤ちゃん*、狼の赤ちゃんでしかない。うん、ボクには乳歯、狼の乳歯が生えている。乳歯、狼の歯……」[1] セルジュ・ゲンスブールの歌詞は、純粋無垢であると同時に貪欲であり、飽くことを知らないと同時に白いという、乳歯の両義性をうまく捉えている。乳歯が抜ける運命にあるのは、それが母親の乳房や母乳に触れることで生まれたからであろうか？　離乳に続いて起こる乳歯の脱落は近親相姦の禁止が歯にも適用されているのではないかと自問するほどだ。

子どもが「魔法使いの微笑み*」を見せびらかすのを子どもたちに可能にする数々のすき間が口の中に花開くのは六歳から十二歳にかけてである。一本の歯の脱落が、肉体の一部の喪失に直面した不安にする感情を引き起こすことがありうるとしたなら、次の「永久歯」の到来は、歯肉の中の赤い穴によって生じた去勢不安を鎮めるのである。小さなハツカネズミの家庭の儀式は被った損害を埋め合わせる。眠る前に、その小さな歯を枕の下に置くことで、子どもは翌朝、同じ場所に一つの硬貨を見つけて満足を覚える。このようにして得られたお金は、まさにその歯の残酷さによって、田舎の家で恐れられている貪欲な齧歯類である小さなハツカネズミによって、想像のうちに運ばれたということは注目に値する。しかし、新しい「大人の歯」を得られる約束と「成長する」ことの誇らしさは、硬貨に勝る獲得物となる。そして諸々の慣習によれば、スペインでは「ネズミのペレス（*el ratoncito Pérez*）」あるいはイギリスでは「歯の妖精（*Tooth fairy*）」、が訪れるのはいつも夜である。彼らが出現してから――子どもが「自分の歯を作る」時――歯のなくなる夜の儀式に至るまで、それらの乳歯は、一度ならず、親たちが「彼らの夜を作る」のを妨げる！　それらの新しい歯は決して母親の乳の味を知ることはないであろう。大人の年齢への魅力の切り札であるそれらの歯は、おそらくほかの肉体を軽くくすぐるか嚙むであろう。しかし、それでも、歯の喪失がつねに多かれ少なかれ、脱落する歯の不安夢において、歯科医（歯科用バーからやっとこまで）に歯を抜かれるという強迫観念、幼少期の恐怖への回帰を促すことに変わりはない。超近代的な電子制御の椅子に備え付けられたディスプレイ*を用いて、だから、自分の一部を喪失することへの不安が作用しているとき、数々のイメージで頭をいっぱいにさせるために、閲覧用のアニメーションを次々と提供するのだ。

（1）フランス・ギャルとセルジュ・ゲンスブールによって歌われた「乳歯、狼の歯（Dents de lati, dents de loup）」、一九六七年。

人形、おもちゃの自動車　Poupée, Petite voiture

「ピンク色か青色か？・」「人形かおもちゃの自動車か？・」アメリは、怒りと涙混じりの気持ちで、小さい頃に家の隣人が母親に話したひどい言葉をよく思い出す。「あなたの娘は素直に女の子らしくないわね。人形じゃなく、車やトラックで遊んでいるじゃない」。たとえこの場合アメリがジェンダーの差異を横断しているとしても、この色やおもちゃの選択で関わっているのは、まさに性（セックス）の差異である。ジェンダーというものが、人が子どもに話しかけたり、あるいは、子どもについて話したりする様式によってのみ区別されるのだとしても、子どもは、性（セックス）が同定される前から、ジェンダー（男性／女性）の区別をしている。人間というのは、こうした規範を生み出す秩序に逆らって、それを、子どもにとってなされた耐えがたい暴力と考えることがありうる存在なのである。しかしながら、根源的な暴力なしでは、いかなる教育も存在しないし、人間形成というのも存在しない。根源的な暴力なしで済ませようとするいくつかの実験の正当性が問われていることになるだろう。たとえば、スウェーデンの託児所で行なわれている教育では、子どもたちを性差もジェンダーの差異もない環境で育てようと試みられている。また、たとえば、elle や lui のような人称代名詞の使用を廃止することに決めた厄介な会社というのもある（フランスではこうした性質の実験は微妙である。というのも、われわれの言葉には中性というものがないからである。このような規則を採用するともはやほとんど話すことができなくなる）。

さらに、両親は子どもの性を言わずに子どもの誕生に関わることもある。「自分で決めることができるようになったときに選択できるようにするため」である。しかし、日常的な状況においてすら、子どもとのコミュニケーションは、大人の性的無意識の影響を受けている。名前を付けること、服を着せること、子どもにあげるプレゼントを選ぶことや、子どもに話しかける仕方ももちろん影響を受けている。もし、ごく幼い子どもにとって「人形かおもちゃの自動車か?」がア・プリオリに中立的であるなら――実際は最初のノイズのようなものであっても――、子どもは、結局、両親や大人一般の無意識の中で性的に区別されていることをたちまち読み取ろうとするだろう。

こうした両親の無意識をたっぷり詰め込んで、子どもは大きくなり、ときにはきわめて生き生きと、ときには理解しがたい反応を示すようになる。そのようにして、子どもたちは、ほとんど注目がなされず害がないようにみえる詳細な事物の上に、男女の同一性の感情を凝縮していくことができるようになる。そして一般的に、もし、願望があるにもかかわらず、たとえば男の子にままごとを、女の子に戦車で遊ばせようとしないなら、身につけるこれらのアクセサリーやおもちゃが魅力的で支配的な価値を獲得することになるか、反対に、嫌悪感を引き起こすものとなり、性的な語りにおいて自分がそうであると思っていることや、そうなりたいと望んでいることを、子どもの目で象徴化していくようになるのだ。

ぬいぐるみ　Doudou

道を反対方向にくまなく歩き回る。通行人や商人に尋ねる。先生やバスの車掌に動いてもらう。近所の壁に捜索願いを掲示する。そして最後の手段としてオンラインの広告、失踪したぬいぐるみの捜索事務所である sosdoudou.com に相談する。自分のぬいぐるみを見失うことは子どもにとってはある悲劇であるが、両親にとっては苦難である……。好みに合わせてタトゥーを施すことや、昔のコレクションをストックしておくこと、二つセットで人形を販売することを提案して、巧妙な製造業者はアイディアを競い合うが、徒労に終わる。クローンは子どもにとって血の気のないコピー、新しすぎて、あまりに個性のない、あまりにも人間味のない化身でしかないのである。

ぬいぐるみが、かくもたやすく置き換えられることはできないのは、それは時の流れとともに、それが固有のアイデンティティ、ある単独性を獲得するからである。ぬいぐるみは、素材、生地から、子どもによって細工されてきたのである。その横糸はすり切れ、穴があく。撫でられたり、いじくり回され、いくつもの結び目ができる。黒ずんだその布には、絶対に取り除けないであろう「夜の香り」が少しずつ染み込む。従順で自由自在のぬいぐるみは、ただ持ち主だけが決める自分の運命を知っている。子どもに影響を与えようと努めることは無駄なのである。人が念入りに選んでくれた素晴らしい毛足の長い織物に対してよりむしろ、シーツの単なる端や多色のナイロンでできた醜い姿のオウムに対して、謎めいたいくつかの基準に従って、選択し、自分の模範をただちに課すことになるであろう。

　非常に特殊な技術により、布はしゃぶられ、匂いを嗅がれたり、指に巻き付けられたり解かれたりして、いじくってボロボロにされる。非常にしばしば、鼻と口の間の真ん中の領域に置かれたり擦られたり触覚や嗅覚の感覚器官による探索の受け皿となっているぬいぐるみは、胸を押しつぶすという官能的なことを繰り返す。「移行対象」は「見出され、生み出された[1]」宝であり、好きなだけ優しい胸を撫で、そこに母親と漸進的な別れを伴い、平穏な眠りへと沈んでいくのを可能にする子どもの一つの発明である。「自分の部屋着の切れ端で宇宙の穴を埋める」哲学者（ハインリッヒ・ハイネ）に倣って、子どもはそのように世界を織りなすことに没頭する。少なくとも彼は毎晩、心的な毛布の小さな端を編んで、自分の夢がその上に投影されることができるようになるのである。

（1）D.W. Winnicott, *Les Objets transitionnels*, Payot, 2010.

ねんね　Dodo

典型的な幼児語である「ねんね（dodo）」は、静かに揺《ゆ》するという意味の「軽く揺する（dodeliner）」に由来する。しかし、それが意味するのは、より正確には眠ること、すなわち「ねんねする（faire dodo）」である。その語は行為を指すが、「ねんねに行きなさい」のように、場所をもまた指す。子どもは日を数えるようにもなる。「もういくつねんねするとサンタクロース*がやって来るの？」

「ねんね」という語は、この意味論的な豊かさを、それが記述する経験の強度に負っている。その語は、母親と離れる不快と、眠りに入る快とを結びつける。もし「ねんね」のこれらの二つの側面がよい均衡を見つけられないなら、経験はすぐに地獄へと変わる。眠らない子ども、あるいは、単にもし母親（あるいは父親）が子どもを見張っているなら、その子どもは、分離不安と夜の恐れ*に立ち向かうことができない状態にある。子どもは、両親に対する専制君主、生活し、愛し合い、そして眠るのを妨げる者になる。

エディット・ピアフはこう言っていた。「眠りは私を恐れさせる。それは死*の一つの形だから」。もはや眠りと「最後の眠り」を区別しなくなると、ヒュプノス〔眠りの神〕とタナトス〔死の神〕は混同される。この混同はしばしば大人によって共有され、さらに大人によって導入される。少なくとも、この混同は乳幼児の枕元で「彼がよく眠っているかどうか見るため」の、彼が寝息を立てているか確かめるための、おきまりの夜の見回りの起源にある。子どもの目覚めだけが、最大限、大人を安心させるであろう。

後に、エディプス期の年齢になると、ねんねは、パパとママが同じベッドを共有している時に、自分が忘れられ閉め出されたという感情により時には乱される。「なぜ*、ボクがママと眠るのは、ボクが病気の時なのに、パパは毎日病気じゃないでしょ!」とジュリアンは、寝に行く時父親に言う。

寝る時に体験される別れは特別である。人は愛の対象から離れるが、同様に現実からも離れる。眠りに身をゆだね、夢に向かって出発しなくてはならない。寝入ることは、儀式に変わり、(昼寝を含め日に二度でない時でも毎日)その反復は子にそれを強制し、自己性愛化の快がそこに入る。それが、「軽く揺する」が示していることであり、子守唄*が歌っていることである。ぬいぐるみ*の従順さと、夜のお話しと待ち遠しいキスを付け加えよう。「寝にあがっていくときの、私の唯一つのなぐさめは、やがて私がベッドにはいったあとでママが接吻をしにきてくれるだろう、ということであった」(1)。

(1) **M. Proust, *Du côté de chez Swann*,** Grasset, 1913.〔プルースト「スワン家のほうへ」『失われた時を求めて1』井上究一郎訳、筑摩書房、一九九二年〕

望まれた、それともそうではなかったか? Désiré, ou pas ?

「望まれた」というのは、厳密に言えば、子どもの語彙の一つの単語ではない。時に面と向かって、次のような質問をする人がいるにも関わらず、である。「友達が『自分は望まれなかったフソクのジコだわ』と言ったの。そうしたらワタシは何なの?」と幼い少女が母親に尋ねる。「望まれた。あるいはそうでないか?」が議論の主題になるのは、とりわけ兄弟姉妹の関係においてであり、それはそのときは、生涯続くこともありうる競争の表明である。「あなたが望まれたって? 違う、あなたはゴミ箱で見つかったのよ!」と姉が妹に信じこませようとした。妹のほうは数年間の耐えがたい苦痛のすえ、両親に逃れられない質問をあえてすることになった。

しかし、最も頻繁にされる質問は、自分の幼少期に関心を持つ大人の質問である。とくに、過去を思い返す質問の場である精神分析の診察室において、その質問は未来のことを欠いていない。その質問は非常にさまざまなやり方で表明されることができ、そしてそれらの質問のうちのいくつかは、つねにそのありきたりの問いの背後に隠されている別の質問を推察させる。ある男性が「僕の母親は僕の父親をあまりにも欲していなくて、彼女が一度それに従ったのは僕が生まれるためでしかないほどである」と言えば、その根本的な質問は、両親の寝室で行なわれる、父親と母親の一方を他方へとそいのために押しやる性質に関するものよりさらに鮮明なものとなる。この欲望については、幻想は無知を引き継ぐが、その欲望が示す諸々の答えはつねに満足できないものである。通常の真理よりもより輝かしい素性の物語を語る「家族小説《ファミリーロマンス》」についても同様である。子どもは、何らかの王子、スター、あるいは別の有名人から生まれたのであり、立派でお金持ちの本当の両親がいつかこの偽りの家族から彼を引き離しにやってくるであろうと想像する。ある一つの幻想の変形物として、エクトール・マロの『家なき子』(一八七八年)における主人公のレミのように、彼を貧しい人びとによって引き取られた孤児にするものがある。罪作りな結末のさらわれた子どもを物語っている別の変形物もある。しかし、この「小説」は子どもの全能の夢想より長く持ちこたえることはない。子どもはその夢想から直接に出て行ってしまうのである。

だから、欲望についての根本的な疑問はまるごと手つかずであり、探求へと人を追いやるのである。どれほどの研究者たちや哲学者たちという天職が、ここで彼らの起源を見つけていないのだろうか？「ボクがまだここにいなかったとき、ママはボクを選んだの？」と母親に尋ねる子どもは、この問いを昇華することさえできるなら、研究者や哲学者などの職業の候補者ではないだろうか？

しかし、その質問は飽くことなく再来する。なぜなら、男子、そして男性にとって母親は決して十分に答えてくれないからである。「ええ、あなたは望まれた子どもよ」。というのも、恐らく、彼は望まれていた。しかし決してパパと同じほどではない。そして幼い少女に、そして女性にとっても、同じ不満足がある。というのも、彼女は決してママと同様には望まれてはいなかったのだ！

恥ずかしがり屋　Timide

「恥ずかしがり屋／もじもじして／体をくねくね／だだをこねて／からだを捩らせ／小さくなって／自分はウサギであると夢想する」（ジャック・ブレル）

隠れたり、逃げ込んだり、姿をくらませたり、もはや人の視界から外れたり……。恥ずかしがる性質とは幼年期の共通の特徴である。その性質こそが、子どもによって示される唯一の表情であるとも言える。「かわいいマルセラン・カイユは奇妙な病気に罹っていた。些細なことで顔を真っ赤にするという病気である(1)」。恥ずかしがり屋の子どもは、大人を前にして無防備に素っ裸になったかのように感じて、ときどき、以下のように余計なことをいってしまうのである。「ボクを見て！　ちっとも恥ずかしがってはいないよ」。

　恥ずかしがる性質は、何から身を守り、何を逃れようとしているのだろうか。また、恥ずかしがる性質は、どんな欠点、足りなさ、許しがたい過ちを、それらを隠そうとするあまりむしろ露呈してしまうのであろうか。恥ずかしさの罪とは思考の罪である。スペインの諺に「恥ずかしさとは心の牢獄である」というものがある。母のペチコートの中に隠れた子どもの顔、髪の束で隠した子どもの顔、つまり、恥ずかしがり屋は、すらすらと自分の考えが言い当てられてしまうと確信しているのである。確かに、その子どもの声は届かない。「先生*は新学期が始まってからうちの娘の声を聞いたことがないみたい」と四歳の娘の母親も言う。しかし、娘の心の中での対話は大きくなっていく一方である。「恥ずかしがることは、心のうちのまったくの豊かさの直接的、さらにはそれのみの唯一の原因になるのである」（シオラン）。

　一過性に恥ずかしがる人と、生涯にわたって恥ずかしがる人とがある。前者は、世の中で失敗すること、つまり、原初的な愛の特権を失うことを受け入れられない感情を示している。こういう人にとって、愛の特権を失うことはとてもあり得ないことなのである。普通は「一人失っても、十人と出会う」のだが、こういう人にとっては一人失うと自分も失ってしまうのである。

（1）J.-J. Sempé, *Marcellin Caillou*, Denoël, 1969.〔サンペ『マルセランとルネ』谷川俊太郎訳、リブロポート、一九九一年〕

パパ／ママ　Papa / Maman

「マン、マンム、ママン」。言葉は、食欲と同じように、食べるにつれて出てくる。ママ（maman）という語が、おっぱいをしゃぶる口によってさらには口の上で形作られるためには、子どもの口の中に乳首（mamelon）というものが刻みつけられていることが必要である。*Mamma*《マンマ》というラテン語は、ママと同時に乳母*、乳房などを意味している。吸引によって引き起こされる唇音の「mm」は母親を指し示す数多くの言語に見いだされる。たとえば、*meter, mater, mum, mamma, ama, uma, em* などがそうである。ママという言葉は、禁止されていることを実現――ほとんど実現――してしまう。それは、口をいっぱいにしながら話すことである。パパという言葉は、子どもに、上下の唇をもっと接触させるように発音するが、子どもはもっとはっきりと口を開いてしまう。それは、口―乳房（子ども―ママ）という統一体を打ち砕く最初の否定を、パパという音のレベルで示しているということである。子どもにとっては、パパやママというのは固有名詞であり唯一無二の存在を示す言葉なのだ。オスカーは「フランス語でパパは『私の父』なんだね」と言った。パパ／ママと、父／母との隔たりは、呼びかけられた存在と言及された不在の間の隔たりなのである。「ボクはパパとママに出会うことになるのを知らなかったから、ボクがパパとママのことを好きなのはたまたまなんだね！」しかし、子どもが分離されながら誕生するとき――それは、内と外、自我と非自我の分離である――このパパ／ママという語の対こそが、世界の最初の様相を名づけ、現実に対する関係の最初の調整役をなしているのである。「数にも父的な数と母的な数が存在する」。子どもが、自分が両親の結合の唯一の印ではなく、さらに、後からくる邪魔者がつねに自分が思っているような子どもとは限らないことを見いだしたとき、組織の原則である「パパがいて、ママがいて、そしてボクがいる」という論理が、それでもやはり疑問の源であることが子どもにはわかってくる。「構わないで。夫と妻は同じ運命なんだから」と母が自分の娘に説明するとき、娘というものは、両親の夫婦の愛の戦いの駆け引きの中の母親のほうの運命を引き受けているのである。「ボクは自分の場所が全くなかったところに、干渉し、介入にしにやってきた……ボクはよそ者の体であった[1]」。両親を一つに結びつけている謎こそが、両親から締め出された子どもを、「父」とは何だろうかという問いに直面させる。母性とは「感覚の証言」のもとに成り立っている明証性であるのに対して、父性とは演繹のもとに成り立つ推論なのである[2]（フロイト）。両親の部屋というのは好奇心の対象、グランドペルソンヌ（大人たち）*のための秘密*の場所となる。「パパとママが一緒に寝るのは、二人が同じ大きさだからだ」。1《アン》、2《ドゥ》、3《トロワ》、ソレイユ〔フランス版「だるまさんが転んだ」である。子どもにとって1（パパ）、2（ママ）、3（ボク）の次に来るのは太陽という謎であることを示している〕！　子どもは一度そこから引き離された謎へと戻りそして直面する。いつかはその謎を持つことが約束されている。「ボクが大きくなったら*……」。

（1）N. Sarraute, *Enfance, op. cit.*

（2）S. Freud, «L'homme Moïse» [1939], OCF/P, vol. XX, Puf, 2010.〔フロイト「モーセという男と一神教」『フロイト全集22』渡辺哲夫訳、岩波書店、二〇〇七年〕

秘密、密かな Secret

ユングは、子どもの頃、「禁じられた屋根裏部屋」に隠した筆箱にしまっておいた自分で作った木製の小さな人形に宛てて、秘密の言葉で手紙を書いた思い出があるという。それによって、ユングは、「新しく得た安全感に満足し、誰も知らない、誰も達することのできない何かを手に入れたことに満足していた」[1]のである。

「親の知らぬ間に秘密を保持する権利」[2]がなければないほど、普通の子どもも、子ども時代のユングのように、守られた空間の輪郭を描こうと多くの儀式の力を借りるようになる。こうした権利を獲得する前に、他人が自分のあらゆる思考に接近していると思い込む時期がある。秘密の創造は、闘争と同時発生的であり、子どもが自分の考えを持つのに、つまり、分離した（「secernere 秘密を持つ」というラテン語は、フランス語の「séparer 分離する」、「mettre à part 距離を取る」の語源となっている）形の考えを持つのに、さらに同時に言わなかったり明かしたりを自由にするのに（「羞恥とは秘密が身体のレベルで起きた出来事である」[3]）、必要不可欠なのである。成功した嘘*というのはここに由来している。隠された内容は、隠す能力に比べてそれほど重要ではない。英語では、「秘密 secret（内容）」と「秘密にすること secrecy（過程）」とは区別されているのである。

身振りを伴った——たとえば、耳元にこっそり手をそえるなど——秘密というのは親密なものの存在を物語っている。文字を書く年齢になると日記がその受け皿となった。ささやかれた秘密は——とりわけ男の子の間よりも女の子の間で——その内容よりも、その秘密を共有することによって自分たちの関係に付与される親密さのほうが価値を持っている。それによって、女の子たちは秘密を持つ快を育み、男の子たちはその秘密に正面から敬意を示すか裏切るかという関わり方をするのである。それは、秘密というものは他者を参照することなしに考えることはできず、権力——自分で保持するか他人に託すかという形をとる——の担い手となるからである。それは家族の間の秘密をいうものを考えてもよくわかるだろう。

「秘密」を持っている子どものところには、理解できないほどの謎が現われてくる。子どもの言葉がわかる人は、信頼するに値する身分を持つことができるのだ。

子どもが秘密を扱う能力や快は、刺激的であると同時に欲求不満を引き起こすような大人の秘密が立てる問題とはまったく異なる。大人の秘密というのは、「何を思っているのか、何を考えているのかわからないというような秘密である。とにかく、妹が生まれたばかりのときこそ、目や耳を大きく見開いて重大な秘密を見抜くときなのだ(4)」。秘密が禁止*された知に関わっているとき、好奇心もいっそう強くなる。だからシャルル・ペローの「青ひげ」は、「すべての部屋の扉を開け、どこにでも入ってよい。しかし、この小部屋にだけは入ってはいけない」と語ったのである。

(1) C. G. Jung, *Ma vie. Souvenirs, rêve et pensées*, Gallimard, 1967.〔ユング『ユング自伝——思い出・夢・思想』I・ヤッフェ編、河合隼雄・藤縄昭・出井淑子訳、みすず書房、一九七二年〕

(2) V. Tausk, *L'« Appareil à influencer » des schizophrènes* (1919), Payot, 2010.

(3) P. Fédida, «L'exhibition et le secret de l'enveloppe vide», in *Du secret*, *Nouvelle Revue de psychanalyse*, n°

14, Gallimard, 1976.
（4）M. Pagnol, *La Gloire de mon père*, Pastorelly, 1957.〔パニョル『父の大手柄』佐藤房吉訳、評論社、一九七四年〕

ブーダンうんこ　*Caca boudin*

「ブーダンうんこ」は、はじめに覚える言葉*の一つである。その言葉のおかげで、子どもが性や自分に禁止*されたものの領域で大人を挑発できるのだ。自分自身の物体に対する根源的な嫌悪感は子どもにはない。反対に、子どもにとってその物体は、自分の体から出てきた、活発な関心の源である。自然で、暖かく、色のついた、臭いのある生産物であり、それらの存在は彼にしか負っていない。彼が自分のまわりにある数多くの物体に対しそうするように、「より分けること」、さらには味わう*こと（それはおいしいか？　おいしくないか？　それはどんな味をしているか？）を望むと、四つん這いの子どもは、大人の恐怖に怯えた叫び*声（「触らないで！　それは汚いでしょ！」）に直面するだろう。汚らしさは、対象が家庭環境と保っている関係によるほどは、対象の性質によっては定義されない。汚らしさというのは、状態の悪い場所にある物質に属している。それゆえ、便器*の中のうんちは歓迎される物なのに、壁の上のうんちは「汚い」のである。もしおしっことうんちで遊ぶ*ことが禁じられても、子どもはそれでも自分の欲望を、妥協の対象に、つまり砂の山を作るための蛇口と水と砂、あるいはもっと後になって、腸詰め《ブーダン》ではないにしても、絵画や彫刻に移動させることができる。

海水療法《タラソテラピー》の風呂に入ることを期待して、泥の水たまりに両足をそろえて飛びこむのはどんなに大きな快楽だろうか？　もし本当の「ブーダンうんこ」が触れられないものであり、口に近づけるべきではないなら、大人に向けられたこの下品な言葉*を生み出すことで肛門になるのは、この同じ口である。大人は非常にしばしば咳払いするような笑いを引き起こす。下から上へずらす遊びにより、食べ、キスをし、話すこの口は外へ出させる可能性がある。——違反するある興奮なしにではなく「ブーダンうんこ！」。三歳の子どもに向けたステファニー・ブラクの本、『ブーダンうんこ』(1)は、自体愛を使い尽くすまで、このおかしな語を反復をする。あたかも、最も幼い者たち専用の過去のこの語に対する一つの軽蔑の表現形式が、後に置かれるかのように、すべてが過ぎてゆく。しかし、「ブーダンうんこ」は、非常に興奮させるものであり、おそらく、大人たちの怒りや、フラストレーションや、失望や、自分への否定や、肯定との密接な関係において、大人たちによって公認された、「くそっ」という〔下品な〕語のより後の用法を先取りしている。

（1）S. Blake, *Caca boudin*, Ecole des loisirs, 2002.

ブランコ、メリーゴーラウンド　Balançoire, manège

「それは私たちの幼年時代の栄光であった、つつましい木馬たち、私はその上にあえて乗ることはしなかったが、それは豪華なメリーゴーラウンドとなった……。蒸気と電気のメリーゴーラウンドだ。井戸の水を汲み上げるためであるかのように、朝から晩まで回っていた目隠しをされた古い馬はどこにあるのだろう」[1]。

かつての優雅な騎馬パレードは、メリーゴーラウンドと、騒がしい音楽と、けばけばしく点滅する色にその場を譲り、木馬たちはもっと近代的な移動手段に変えられた。それでもかまわない。子どもにとっては、それは同じように有頂天となり、バイクや、舟や、宇宙船や、レーシングカーや消防車に乗ったのと同じように自慢するのだ。つまり、それは動物を調教することなのである（ラテン語で *maneggiare* は運転する、イタリア語で *maneggio* は馬の調教の場所と訓練を指す）。この歓喜は決して止まらないだけに、絶えず必要とされるあらん限りの輪舞、――つねに短すぎるこの循環的な時間。子どもにとっては、メリーゴーラウンドを一周することとは、「堂々巡りをして進歩がない」ことにはならない。――子どもが止むことなくハンドルをさばくのは（飛行機におけるそれも含まれる）この理由のためなのだろうか？

しかし絶対的なものは恐らく別なところにある。「子どもたちは揺り動かされたり、空中を飛ばせられることが好きなように、それほど受け身的な運動の遊びを愛しているということは、いくつかの身体の機械的な揺れによって引き起こされる快楽の証拠を表わしている」[2]。最も大胆な者たちは、お腹の振動やくすぐり*の快感、スイング、それは子どもが縁日の熱狂的で不規則なリズムを取るやいなやさらに強くなるのだが、それらを感じるためによじ登り、飛んでいく乗物動物、（それらは非常に渇望する「玉房（pompon）」をつかみ取るのを可能にするものであり）それらに突進するのである。反対に、ブランコは優しく、より女性的で、ときには、フラゴナールの絵、《ぶらんこの絶好のチャンス》

（一七六七年）のように、スカートがずり上がるとき、露出症の混じった解釈を与える。揺りかごの動きに似た揺れ――ハンモックやロッキングチェアは、まさにその大人版である――を継承しているブランコは、歓喜と目まいの感情をもたらし、その昔の呼び名である「大型のあぶみ（escarpolette）」（scarpa は切り立った、渓谷に張り出した、険しい斜面にある、という意味）は、しかしながら、転落の危険を示している。「つり下げられるという娯楽[3]」の快楽、風船や、飛行機や、空飛ぶじゅうたん、「上昇する運動」を具現しているすべてのものに対する子どもたちの興味は、メランコリーの情動に対するある保護の表現であろう。上昇は抑うつ（「重い心」、「深い絶望」）に対立し、「上昇」、「軽さ」「浮揚」は「重々しい」と「重い」に対立する。空中ブランコ乗りのように、子どもは重力の裏をかき、重さに挑戦するのである。

（1）C. Péguy, *Victor-Marie, comte Hugo*, Gallimard, 1934, p.50.
（2）S. Freud, *Trois Essais sur la théorie de la sexuaité*, Gallimard, 1923.〔フロイト「性理論のための三篇」『フロイト全集6』渡邊佳之訳、岩波書店〕
（3）D.W. Winnicott. *La défence maniaque*, *De la pédiatrie à la psychanalyse*, Payot, 1989.

風呂 Bain

「風呂とワインとヴィーナスはわれわれの体を駄目にするが、風呂とワインとヴィーナスはわれわれの命をつくる」。このラテン語の諺は、風呂を最も純粋無垢なものだけでなく、すべての快楽に結びつける。

風呂の快楽はしかしながら直接的であることは稀であり、生まれたばかりの赤ん坊*の産声（叫び*）はその満足よりは苦しみを表わしている。「母親のお腹に回帰する」という羊膜幻想、脱ぐことの試練は、見知らぬ敵意のある場所に投げ込まれた感覚に付け加えられた、周囲の気温を伴った不安な決裂を赤ん坊に課す。母と子が同じ快楽を共有するためには、最も頻繁にその経験が繰り返される必要がある。温かい風呂はそのとき、包み込むような温かい「言葉の響く浴槽」を伴い、「音楽の魂に対する関係は、風呂のお湯が体に対する関係にあたる」と医者で作家のアメリカ人のオリヴァー・ウェンデル・ホームズは表明している。

風呂がその治療的効果、心を静める効果、リラックスさせる効果で知られているとしても——足湯や泥湯や海水湯やトルコ風呂などを経てきた数々の温泉療法による温泉治療——敏感な幼年期のお風呂はいくらかの危険を表わすが、それは最も頻繁にあることとしては、大人の不注意による過ちに結びついている。「お湯と一緒に赤ちゃんを捨ててしまう」ということは本質的なことに関して譲歩した表現である。（茹でてしまうとか溺れさせてしまうとかの）不安は大人にはあまりに表われており、そして不安な手によって汚染された赤ん坊は強《こわ》ばり、もはや快楽に身をまかせるには至らないのである。

時を経るに従い、お風呂は、しばしば就寝のために心を静める能力と結びつけられた、儀式的なものとなる。興奮が勝ることがない限り、性の差異を発見するための特権的な場所である風呂は、成長しつつある子どもにとっては性の劇場となる。「わぁ！　自分のおちんちん*を見た。浮かんでいる……

沈んでないね。わたしがそれをしてあげる」と幼い弟と一緒に風呂に入っている五歳の女の子は叫ぶ。風呂が体を洗う以外のすべてに役立つとき、大人たちは「何歳まで自分の子どもと一緒に風呂に入るのだろうか?」と自問する。それは息子たちがもはや女風呂に近づかなくなる年齢である六歳である。

分別盛り　Âge de raison

分別盛りとは幼年期の熱狂的な発見と青春期への移行の間の限られた休息、一つの潜伏期のことである。しかし何が子どもを待ち受けているのだろうか? それについてさらに知ることになるのだろうか? それについてさらに知ることができるようになるのだろうか?

分別盛りは七歳頃であるが——七、それは聖書に関連した数で、幼い人間の創造の完成を示すのだろうか?——その七歳頃に想定された分別盛りは、社会的な年齢である。子どもは学校*に行くのが義務となり、母親の膝元を離れ、フランス共和国にゆだねられる。

その年齢まで子どものデッサンは彼を未来の天才画家バスキアに仕立て上げていたが、いまや線がはみ出すことに我慢できなくなり、線を規則に従わせるのである。それはあたかも、「叡智」というものがそのとき、ある種の衰退の報いを受けるかのようである。分別が勝り、欲動はそのときが来るのを待ちながら、黙り、隠れる。「お前の分別盛り、それは甘受の年齢のことだ[1]」。

しかしながら、すべてが失われるわけではない。最も粗野な欲望に課された沈黙が、子どもに知的備給を可能にし、好奇心は、読む、書く、計算するという「知」の領域にある突破口を見いだす。「どんなふうに?・」という「どうして?・」*期の後で、「サンタクロース」*を信じることから「誰がサンタクロースを演じているのか」へと移ってゆく時期である。それは、「すぐに」期の後の「あとで」期であり、「可能なもの」期、青年期の実現の時期なのである。

子どもは青年ができるようになる前に知っている。「分別盛り」は「愚かな年代」の前にやってくる。思春期の興奮の最初の徴候は、確立したばかりの新たな秩序を乱すようになる。

「理性」は「欲動」の反対にある。子どもが外の世界に関心を持つのは、パパやママとの結婚をあきらめた後である。繭から外へ出て、愛の一次対象から距離を置いた子どもは、知識の領域に力を注ぎ、自律を勝ち取ることができる。今までより騒がなくなることで生まれる内心を獲得する、子どもの内的生活に知識は同じように関係している。「娘たちは分別盛りになるやいなや、恋を夢見て非常識なことを言う」(2)。分別盛りは、それが甘受でないときには、一時的にあきらめる。理性を逃れた想像力と欲望は幻想のうちに勝利の場面を見いだすのである。

（1）J.-P. Sartre, *L'Âge de raison*, Gallimard, 1946.〔サルトル「分別ざかり」『自由への道』海老坂武・澤田直訳、岩波文庫、二〇〇九年〕

（2）M. Auclair, *L'Amour*, Hachette, 1963.

便器　Pot

子どもは、おむつからトイレの便器への移行によって、つまり、おまるの上に腰掛けることによって、自分の身体から引き離された一部を喪失することになる。堅くて冷たいプラスチックの曲線が、皮膚に近いところで生み出したモノを保持しておくための、柔らかく、心地よく、しなやかなおむつにとって変わるわけである。おむつの制作側としては、この変なモノは人を不安に陥れる可能性を持つ不要なものとして考える。このおまるによって、おむつ交換で受け身になること、きれいになった後でお尻やお腹を愛撫してもらうこと、つまり「好き放題にする」という直に触れる体制に別れを告げ、待っている状態をコントロールする時間性がその後を継ぐのである。子どもに、台座での孤独をわからせ、さらには、「一人で行なうこと」ができることの誇り、自分が生み落としたものについてよく考えることとの誇りなどを身につけさせることで、おまるは、子どもを成長させ、学校*にいくことを約束させるのだ。排泄したモノは手で触ることはできないので、下品な言葉*（「おしっこ」や「うんこ」）を用いて触れることしかできなくなる。そして指をヌテラ〔パンに塗るチョコペースト〕の壺に浸すことによって、してやったりの筆舌に尽くしがたい快楽について語ることでもある。

　さらに、清潔さについて習得することで、関係性の次元が決定的なものになる。子どもは、たちまち、決まった時間と正しい場所で排泄物をこらえておいて排出することで、怒っていて不安な状態の母親を満足した気分へと変えることができるようになるのだ。所有、倹約、制御、支配、こだわりというのは、しばしば「便器」をめぐって構成される性格特徴なのである。排便行為という対象に、多少なりとも親からのプレッシャーがかかると、喪失の感情や、「空っぽになる」こととか「溢れ出る」ことへの不安から、子どもが大人になったときにも続くようなその痕跡を残しかねない。肛門括約筋のコントロールは、自律のシンボルになっているものの、失禁する老人が喪失してしまうものでもあり、ときに、意に反して、再び介助者の世話になるのだ。

秘密*の宝を蓄えておく「鞘」や金庫の原型である壺というものは、強迫症者や吝嗇家を生み出す装置となった。「ああ！　俺のかわいいお金、俺のかわいいお金、俺の大事なお友達！　おまえは盗まれてしまった。おまえがさらわれたら、俺は生きる望みも、慰めも喜びもなくなった。何もかもおしまいだ。もう生きていても仕方がない。おまえがいないと、俺は生きていけない。もうダメだ。立っていられない」(1)。早くから清潔好きであった子どもの中には、将来において吝嗇家《りんしょく》になって慢性的な便秘に苦しむ強迫症者になる場合があるが、時間前にきっちり現われ、ものすごい勢いでしゃべる術を身につけ、一生の間、「便器のまわりをまわり続ける」〔tourner autour du pot は「陰険に立ち回って、おこぼれにあずかろうとする」という意味の成句である〕ことを強いられているのだ。

（1）Molière, *L'Avare*, 1668.〔『守銭奴』『モリエール全集7』ロジェ・ギュシュメール・廣田昌義・秋山伸子共編、臨川書店、二〇〇一年〕

ボクが／ボクに／ボクひとりで　Moi je / À moi / Moi tout seul

「私とは憎むべき存在である」とブレーズ・パスカルは述べた。子どもにとって、これ以上に無縁な考え方はなく、むしろ反対に、子どもは「ボク」ほどの価値を持っているものは何もないと確信しているのである。子どもはインターホンで「どなた?・」と言われると、「ボクだよ」と本当に答えてしまうのである。それは、人称代名詞の空虚さと固有名詞の充実さを混同する危険を冒しながら、まるで「私」が「彼」にすぎない存在であると言っているかのようである。「自我とは境界存在である」[1]とは、子どもは、誕生すると、生きのびるために必要な人間に全面的に依存する状態に身を任せるようになるので、境界線を引く作業が重要になるということである。「ボクが、ボクが」という主張は、自身の絶対的な力についての確信であり、乳児のまったくの不能性とは反対に釣り合っているのである。

境界とは戦争の始まりである。「それはボクのだ」とは、つねに「お前のものではない」を意味している。自分が存在していると感じるためには正しい憎しみを持つことが重要である(それは弟や妹という存在に対してとてもあてはまることである)。「それはボクのだ」が、所有と同時に喪失を認めることでしかないからである。ボクは「すべて」は所有できない。だから不可能な共有、まずは、ママの共有を覚悟しなければならない。「今、私すべては、愛と共にあなたへと帰っていく」と、ヴィクトル・ユゴーがジュリエット・ドルーエに宛てた手紙のように、子どもは自分が愛される唯一の人であるという希望を失うことでしか、「ボクのすべて」を与えられることはないのである。

子どもは、このような逆境にあってもくじけないで、ママへの初期の依存状態に抗って「ボクひとりでできる!」と自律を主張する。坊やは自信たっぷりで、惜しみない援助も払いのけ、周囲の人からはとてもできまいと思われていることを自分の力でやろうとする。たとえば、たちまち降りてしまうことになるとしても、階段を上ろうと試みるのである。

（1）P. Federn, *La psychologie du Moi et des psychose*, PUF, 1979.

ボクが大きくなったら　Quand je serai grand

この言葉によって、子どもは大人の生活を先取りする。いつか、ボクは何ものかになっているだろう。自分は両親の依存から独立するのだという空想や約束と、誇大な理想や夢とが交わることで、こうした子どもの宣言には、背丈が大きくなり、年齢を重ねたいという欲望、自己主張もでき自己実現を果たしたいという欲望が集約される。のちに、子どもが職業について、「ボクは医者になって赤ちゃんを生ませたいんだ」とか、羨望の愛について、「ボクはパパ*が死んだらママと結婚するんだ」といった発言は、欲望と欲求不満を、つまり期待が強いられていることと直接的に満足することが不可能であることを混同している。未来に対する賭けや条件付きの恋のまね事といった、子どもによる大人の先取りとは、時には、ミヒャエル・エンデのモモのように、自己の適性の早期の輪郭を描いている。「ボクは大きくなったらボクの『レ・ミゼラブル』を書くんだ。言いたいことがあるときにはいつでも書けばいいからね[1]」。自己の適性とは仕返しなのである。「ボクは大きくなったら建築家になるんだ。そしたら、丸い形の学校を作るんだ。そうすれば、先生が生徒たちを隅っこに追いやることができなくなるからね」。いたいけな誇大妄想というのもある。「ボクは世界の王になるか、何にもならないかなんだ」。もっとメランコリー的な妄想もある。「ボクは大きくなったら小さくなりたいんだ」。あるいは「(いつかは)死ぬんだから」。古典派の大作家も成長の過程で上の世代に抵抗するものである。「ボクは大きくなったら消防士になるんだ」。どうして消防士なのだろうか。サイレンを鳴らしながら走る赤い大きな車両の魅力のためなのか、ぴかぴかのヘルメットの輝きのためなのか、長い梯子に対する強い興味のためなのか、勢いよく水を放出するホースに対する強い興味のためなのか? 女の子の中には、心的両性具有性のために、あらゆる属性を兼ね備えた消防士に将来なると想像する子も数多く存在するのである。そこに、欲動的な炎から生存者を救い出そうという早熟な欲望を見てとることは可能であろうか? これらの投影がさまざまな形で衰退していくことで、成長して上の世代へと移っていくことに対する興奮と恐怖*、さらには自分を保護してくれるものの喪失を示す独立の獲得などが混じり合っていく。アリスは「でもね、とすると、わたし、これ以上歳をとらないのかしら?」[2]と考えた。大人の年齢になると、「何になりたいかいずれよくわかるときがくるだろう」という言い回しに変わる。そして、夢を実現するにはあまりに遅すぎる時期になったとき、「私は…になりたかったのに」という言い回しになるのだ。

(1) E. Ajar (R.Gary), *La vie devant soi*, *op. cit.*
(2) L. Caroll, *Les Aventures d'Alice au pays des merveilles*, 1889.〔キャロル『不思議の国のアリス』高橋康也・高橋迪訳、新書館、一九八五年〕

ボクじゃないよ（軽率な言動）　C'est pas moi (bêtise)

「それはボクじゃないよ……」は、嘘*というもの以上に、数々の告白の中でも最も根本的なものである。ときにはあまりに明白な真実を認めるこの打ち消しは、否認の首位を占める。その否認は、子どもが認めるのを拒否するほど、それ自体は愚かではなく、その愚かさの根底にある欲望と、その欲望にともなう満足なのである。「愚かなことをやる」というのは単に一つの快楽ではなく、それは（大人から）盗んだ快楽なのである。

ポール（六歳）の母親は自分のカップが割られ、庭に埋められているのを見つけたばかりである。「誰がカップを割ったの?」「ボクじゃない」とポールは答える。「ああ、それじゃあ、それはポールだ」と彼の姉は付け加える。（彼女はしかしながら、まだフロイトは読んでいないのである）。「なぜお前はカップを庭に隠したの?」と母親は尋ねるのだが……「それはすでに庭にあったんだ」とポールは答える。

「ボクじゃない」が呪文の力を持たずに現実を消滅させるのに失敗すると、子どもはいつも「わざとじゃない*」と方向転換する。これは本質的なもの、つまり大きな「無駄に費やすもの」である罪悪感を免れることで、保たれる快楽を救ってくれる。

子どもができそうにない自白は、日常の防衛機制としての投影の始まりを示すのである。「ボクじゃないよ。それは他の子だよ」と言うことで、あまりに興奮させるものを外に閉め出すことができる。この防衛の様式は人生における最初の何年か、つまり最も激しい諸々の欲望が内的な過程としてそれと認められず、外から生じるような時期に根付く。ボクのママのおっぱいにかぶりつきたいと思う[1]のは「ボクじゃないよ」。ボクをかじるほど可愛いと思うのはママのほうだ（この点において子どもが完全に間違っているわけではない）。それはエディプス・コンプレックスの防衛でもある。自分を駆り立てる諸々の欲望を認めることができない子どもは、それらを太古の神託の作り手のせいにする。「ボクじゃない。アポロンだよ」。

（1）**M. Klein,** ***La Psychanalyse des enfants,*** **Puf, 1959.**〔クライン『メラニー・クライン著作集2　児童の精神分析』小此木啓吾編訳、一九九七年、誠信書房〕

ほ

ほほえみ（笑い、冗談）　Sourire (rire, blague)

「ほほえみとは、笑いの完成形である」（アラン）。ほほえみと笑いとの関係は、心と体との関係と同じである。口に出さない快というものは、心の鏡*である顔色に映し出され、けたたましい享楽とは対極をなすものである。享楽とは、体を振らせて笑いを爆発させることで、体全体に放出されるのである。このような笑いと体の内密性から、中世の宗教にある疑念が生じた。それは、笑いというのは悪魔と結託しているのではないか、という疑念である。笑いが、人間の属性になっても（ラブレー）、子どもの笑いを含めて、動物性との関係性すべてを失ってしまうわけではない。それは、「犬が尾を振ったり猫がのど鳴らすのに似た何物か[1]」なのである。しかし、人は「笑う」より前に「微笑む」。ラテン語では *subridere* である。これは、笑いを控えた状態で、音に出るよりも体に出てしまう状態なのである。乳児*は、母の胸の中にいるときや眠っているときに、叫び声*を出したり、ほほえんだりする（最初のほほえみ）ことがあるが、それらは自然な状態であり、満足した欲求に対する体の側の充足感を反映しているのである。「赤ん坊の最初の微笑のなかに、最初の考えを読み取りながら、そうした気持ちを味わい直すこと」[2]、つまり、母親によってにこやかに受け入れられることで、ほほえみが志向的な表出となる。こうして乳児は「天使のほほえみ」の状態で充足するのである。そして、乳児に人間関係の創設的価値が付与される。「子どもは母親のほほえみで母を識《し》る」（ウェルギリウス）。われわれがモナリザの謎めいたほほえみによって魅了されるのも、レオナルド・ダ・ヴィンチが子ども時代の記憶に着想を得ているからである。

生後四か月頃に出現する最初の笑いのほとばしりは、生まれたばかりの主体性による声を聞かせてくれる。子どもは、周囲の大人によって驚かされたり魅了されたりして快感を得ると、ただちに——くすぐり*や愛撫*、歌や遊びによって——「喉の奥に鈴をつけた[3]」（マリー・ダリュセック）ような音を立てようとする。言語とともに子どものもとに到来するのは、「面白い話」である。それは、解放する力によってもたらされる「でたらめ話」でもある。不安や欲求不満、ある種の制約を源としているもの——つまり、性や、禁止*、学校*など——は、共有された笑いへと変化して、仲間で笑い合うことを可能にする。女性教師*は引き算の説明をしようとしている。「あなたのお父さんがお母さんに三〇ユーロ渡して、そのうち一〇ユーロを返してもらいました。何が残ったでしょう」。生徒「う〜ん。夫婦げんか」。

（1）C. Baudelaire, *De l'essence du rire*, 1855.〔「笑いの本質について、および一般に造形芸術における滑稽について」『ボードレール全集Ⅲ美術批評（上）』阿部良雄訳、筑摩書房、一九八五年〕
（2）H. de Balzac, *Mémoires de deux jeunes mariées*, 1842.〔バルザック『二人の若妻の手記』鈴木力衛訳、東京創元社、一九七六年〕
（3）M. Darrieussecq, *Le Bébé*, P.o.l, 2002.〔ダリュセック『あかちゃん　ル・べべ』高頭麻子訳、河出書房新社、二〇〇三年〕

ボンボン　Bonbon

パパ*やべべ（bébé 赤ちゃん）*やドゥドゥ（doudou ぬいぐるみ）*やヌヌ（nounou ばあや）*やその他いくつかの言葉は、音節が二度繰り返されることによって言語活動に入ったことを示している。ボンボンという語がわれわれの言語に到達したのは素晴らしい。幼いルイ十三世がそれを発しているし、彼の医師がそれを記録した。ボンボンは唇で知る快楽とともに、口の中での快楽――飢えが静まったときちびちびと舐める贅沢なもの――をもまた意味している。ジジ（zizi おちんちん）*やドド（dodo ねんね）*やボボ（bobo 痛み）*が、永久に子どもたちや、子どものふりをする大人たちのための語であり続けるとき、ボンボンはときに子どもじみて、同情に値する大人たちの口の中で黙認されるであろう（さらにはジャック・ブレルの恋人（恋している相手）*の「ボンボン、それはとてもおいしい」）。甘い声とともに。それは、ボンボンのクレマやイチゴのタガダに対する子どもっぽい情熱は口の中と唇の上で、ゆっくりと溶けることを想定されているし、大人たちの多かれ少なかれ体裁のいい快楽によって置き換えられるのである。幕間の後の闇の中で折り曲げられた紙や、ポケットの底の粘つくおしゃべりな人、すなわち多くのしゃぶられた固有名詞への郷愁が残っているということなのである。

良い親は褒美としてあるいは慰めるためにボンボンを一つ与えることがあるだろう。——しかし一つ以上は稀で、眠る前には決してあげない。夜のボンボンは歯の健康をひどくそこなう。しかしながら、舐めるタイプのものであろうと、カリカリと音を立てるタイプのものであろうと、色がついていようがいまいが、バラだろうと袋で売られようと、固かろうが柔らかろうが、ピンクだろうが緑だろうが、酸っぱかろうがゼリー状になっていようが、カンゾウの入ったものであろうとアニスの入ったものであろうと、ユダヤ教の法にかなった食物（casher）であろうとイスラムの法に従ったハラル（hallal）であろうと、それらは世界の無限の多様性の味覚を帯びており、子どもたちがそれらを一個ずつ買いに行くのは稀である。彼らがそれらをこっそりとくすねるということを除けばだが——ときにはそれは最初の戦利品となる。パン屋の広口瓶の中やスーパーマーケットの売り場の目や鼻の高さに置いてあるボンボンは、手の届く範囲にあり、小銭の届く範囲にある一つの誘惑なのである。最初のお小遣い*が、そこに使われることがありうる。全部使うか部分的に使うか、重要なのは選んで、人に見せることができること、「ボクは……が欲しいのですが」と言えるか、言えないか、恐らく物々交換するか、あるいはボンボン入れから取り出して寝る前にそれらを舐めてしまうかである。ボンボンはまさしくテンサイや豚のゼラチンよりも前、砂糖棒よりもさらに前に、遠くからやってきたからである。ペルシアでは、はるか昔にミツバチの助けを借りずとも蜜をもたらす葦があった。

見捨てられて、迷い子になって　Abandonné, perdu

どうしたら両親と再会できるのかをわかっていた親指小僧とは反対に、現実に自分の両親に見捨てられるという経験は稀であるにもかかわらず、子どもは大人から自立するにつれ、ときどき見捨てられるという不安を経験する。子どもは一人では窮地を脱することができず、また、子どもが苦境に陥ると、唯一彼の存在の座標軸を握っている家族の大人たち*のなすがままになるから、子どもは大人たちを失い、この世でひとりぼっちになることを怖れる。もし子どもが、たまたま、スーパーマーケットや海岸や道で親を見失ったら、彼にとっての世界は、ただちに巨大で見知らぬ恐ろしい*童話の森に変わってしまう。よい親たちが消え去り、舞台に再び登場したときには、悪人や人食い鬼や魔女たちになる可能性が十分ある！　見捨てられ幻想は、そうなることで、両価性《アンビヴァレンス》を、さらには、正しかろうと間違っていようと両親に対する死*の願望を具現化しているのだ。

しかしもし子どもが迷ったり（自分を見失ったり）両親を見失ったりすることをあれほど怖れるのは、恐らく子どもにとっては、一時的な別離と決定的な喪失が最初は混同されていたからであろう。乳児は「一時的に体験された不在と永続的な喪失とをまだ区別することができない。子どもは視界から自分の母親が見えなくなった瞬間から、あたかも、もう決して母親に会うことはないかのように振る舞う。それで結局そのような母親の消失は、母親が再び現われる習慣を表わしているのだと学ぶために、慰めとなる経験が繰り返しが必要なのである[1]」

想像上の策略や力をなす創作活動は、しかしながら、無能を全能に転じることを可能にすることで、「見捨てられた」という、この究極の受け身の状況を英雄の勝利の出発点とする。見捨てられた後に「ボクは養子になった」という養子縁組がある。夢見がちな子どもにとって、親に見捨てられるという幻想は、フロイトが「ファミリーロマンス」と名づけたものの手ほどきをする。「そこでは、二人の両親はより気品のある他の両親によって置き換えられる[2]」。モーセやゼウスやエディプスはみな見捨てられた子どもであることから始まっている。迷い子の島の長であるピーターパンは成長することを拒否することで、根源的メランコリーに忠実なままにとどまるのである。

（1）S. Freud, « Inhibition, symptôme et an-goisse », *OCF/P*, vol. XVII, Puf, 1992, p.284.〔フロイト「制止、症状、不安」『フロイト全集第19巻』岩波書店〕

（2）S. Freud, « Le roman familial des névrosés », *OCF/P*, vol. VIII, Puf, 2007.〔フロイト「神経症者のファミリーロマンス」〕

〜みたいだ　On dirait que...

「ボクはパパでキミはママみたいだ」。物語の「昔々〜がいたらしい」のように、この「〜みたいだ」は、虚構の力を発言することで機能させる、話し手と聞き手の間の直接的な共有規則を打ち立てる。「言う」ことは「する」ことである！　子どもの遊びの真の転位語〔意味が発話の文脈に依存している言語的要素〕、つまり、条件法現在、この「現在の非現実化」とは、現実の中心で幻想の割れ目を切り開くのである。「〜みたいだ」によって、世界が創造され、歴史が創発され、未来と現在が結びつく。それは、偽《いつわり》に対してであるが、それは、真に対してでもある。「遊んでいる子どもはどの子も、自分だけの世界を創り出すことによって、あるいは正確には、この自分の世界のさまざまな物事を好き勝手に秩序づけ直すことによって、詩人であるかのように振る舞っているのです。このとき子どもがこの世界を真剣にとっていないと考えるのは正しくないでしょう。子どもは逆に、遊びをすごく真剣にとっており、これに膨大な量の情動を注いでいます[1]」。

「恐ろしくてものすごい怪物がいるみたいだ」においては、あらゆる役割が可能であり、それぞれの役割を欲望や恐れ*に任せて試してみることができる。ある役割もときにはもう一つの役割の隠された側面にすぎない。「ワタシはきれいなお姫様で、あなたは醜いカエルだとするわね」。遊びの場面は誘惑の場面でもあるが、もし遊びがエスカレートしたり興奮しすぎたりあまりに暴力的になると、「タイム！*」と言うだけで現実に引き戻される。現実は再び正義を取り戻す。こうして、現実は、一瞬にして、夢や幻想の近くにある、脆い「中間の王国」（J・B・ポンタリス）を締め出してしまうのである。

「キミは死んでいるみたいだ」。子どもは「非現実の条項(2)」から免れて何でも想像し放題である。「遊び*は自己療法である」とウィニコットは書いている。しかし、幻想の領域に入り込むためには、真なるものを偽なるものから、また、現実から夢を区別できなくてはならないのである。現実と幻想の境目がはっきりせず不安定なままになると、戯曲が成り立たなくなり、半人前の役者の演技が、ときに攻撃的で危険な「行為への移行（passages à l'acte）」になってしまうのである。

（1）S.Freud, « Le Poète et l'activité de fantaisie » [1907], *OCF/P*, vol. VIII, Puf, 2007, p.161-162.〔フロイト「詩人と空想」『フロイト全集9』道籏泰三訳、岩波書店、二〇〇七年〕

（2）L. Kahn, *Cures d'enfance*, Gallimard, 2004.

みなしご、孤児 Orphelin

みなしごを演出する物語は子どもたちを魅了するものである。トミー・ウンゲラーの絵本『すてきな三にんぐみ』はベストセラーとなり成功を収めた。その物語は、三人の盗人たちがさまざまな不幸な目にあったみなしごを大きな城の中に集めていく話になっている。このようなみなしごのイメージはさまざまな神話や文学（モーセ、ロムルスとレムス、ヘンゼルとグレーテル、オリバー・ツイストなど）の中に行き渡っている。みなしごの人生の現実なんてありふれていると言っても無駄である。親子の断絶は小説家が何か書き始めるときの一つの条件であり、作家にとって貴重な実験の領域なのである。ごく小さいときにさまざまな難局に直面した子どもというものは並々ならぬ才能を発揮する。みなしごは完全な自由を享受するのである。エクトール・マロの『家なき子』に出てくるレミは、疲れることなく旅をして、旅芸人をしたり、泥棒をしたり、庭師をしたり、鉱山で働きさえもしたのだ。

こうしたイメージの永続性（一九三〇年代の『ぞうのババール』、最近では魔法使いのハリー・ポッターなど）は子どもの発達にとって本質的なある必然性を反映している。それは、子どもは、必ず一度は、自分の出自を夢想して他の両親から生まれてきたと考えることである。これらの物語の中では主人公は、親のイメージのさまざまな側面を示している。厳しさを示す人物としては、マーク・トウェインのトム・ソーヤーの伯母ポリーや、レモニー・スニケットの『世にも不幸せな物語』のオラフ伯爵などが挙げられる。また、優しさを示す人物としては、チャールズ・ディケンズの「デイヴィッド・コパフィールド」の伯母トロットウッドや、映画『キッド』のチャップリンなどが挙げられる。また、『小公女セーラ』（フランシス・イライザ・ホジソン・バーネットの小説『小公女』に着想を得た日本のアニメ）の幸せな結末は元型的な価値を持っている。数年の間落ちぶれていた後に貴族の家族のもとに戻っていくというストーリーである。物語は、子どもが「ファミリーロマンス」を構築する中で理想を求めることに一致している。読者にとっては、親のいない子に同一化することで、つかの間の楽しみを得ることができるのだ。こうした思いに耽ることで、両親を失うかもしれないという恐れと親から離れたいという間に挟まれた両価的な葛藤から抜け出すことができるのである。それは、意地の悪い母親と暴力的な父親の間で挟まれることでもある。ジュール・ルナールのにんじん色の毛は「皆がみなしごになることはできない」ということを証明している。子どもは、両親を失うという空想をすることによって、権力を欲望したり、アメリカの漫画に出てくるみなしごや身寄りのない子のためのスーパーヒーロー*が体現している全能性をほしいままにしたりできるのだ。

無垢、純真さ Innocence

無垢という言葉が三度転倒（chute）しながらも存続してきたことは、その言葉の対象への執着があることを明白に物語っている。一つ目は楽園から追放されたアダムとイヴの原罪としての堕落（chute）である。二つ目の転倒は、神話上の転倒であり、文明化の状態に対して自然の状態を理想とする啓蒙の世紀に考え出された『善良なる未開人』という神話〔もともと十六世紀のモンテーニュの概念で、十八世紀になってルソーが注目した〕である。三つ目の転倒は、思春期以降は封じ込めておきたい人間のセクシュアリティについての社会文化的で道徳的な優位性の転倒である。

幼少期が、こうした無垢さと同義語であるなら、幼少期が体現しているのは、永久に失われた純粋無垢への懐古の念である。十九世紀にはロマン主義がその理念を高めた。無垢さというのは、善悪を知る前、つまり、過ち、罪悪感、苦しみを知る前に存在していたものである。「まだしなやかでうぶなボクの心は腹黒さというものを知らなかった／ボクの子どもっぽい仕草も純粋でとげとげしさがなかった(1)」。

一語で言えばよいところを、「enfance 幼少期」や「innocence 無垢さ」という概念は、同じ欠性接頭辞「in」を共有している。infans《インファンス》は言葉を剝奪された状態で、「innocent 無垢さ」は害のないという意味である。その二つの特徴を結合した言葉が「ignorance 無知」である。大人にとって、子どもというのは、とりわけ性的な悪を知らない存在である。若きルイ十三世の侍医でドーファン（ルイ十三世）の事柄や振る舞いについて書き留めた『エロアールの日記』を参照すれば、それがまったく相対的な無知であることがわかるだろう。「ドーファン様はおっぱいをお吸いになり、おちんちんをこすって、木のように直立して硬くしておられた」。あらゆることに快が伴っていて何も隠されることがないからこそ、子どもは最も無垢な存在なのである。「恥ずかしがるということを知らなかったこの子ども時代を振り返ってみると、それはまるで楽園のように思えてくる。しかし、むしろ楽園というものこそ、個々人の子ども時代が集団空想になったもの以外の何ものでもないのである(2)」。

幼少期は、裸と、露出することからもたらされる快に刻印されている。羞恥心を知らないことと恥ずかしさとは、一方がやってくると他方が消失する関係にある。若きドーファンが六歳になられたとき、「ドーファン様はお父上からペニスを見せられて『おまえがやったことをおまえにしてやったのだ！』と言われ、ドーファン様は恥ずかしさのあまり顔を真っ赤にして手で顔を覆っていらっしゃった」という。

無垢はそのときから、表面的なものになるか（「それはボクじゃない」*）、あるいは、少なくとも以下のような判断によって検証されるものにすぎなくなる。裸になって罪悪感や恥ずかしさの危険を冒してまでも、自分と他人の判断によって検証されるのである。

（1）G. de Nerval, *L'Enfance*, 1822.
（2）S. Freud, *L'Interprétation du rêve*, *op. cit.*, p.284.〔「夢解釈Ⅱ」『フロイト全集5』新宮一成訳、岩波書店、二〇一一年〕

もっと（また） Encore

子どもにとってまたというのは、ずっとと同義語である。うんざりするようなすべてのことに無頓着な子どもは、同じ快楽によって、同じアニメをねだり、同じ歌を繰り返して聞く。大人によって手ほどきを受けた新しい遊びが果てしなく要求される。それぞれの反復は、日々の単調さを知らない健忘症者のように、再発見や革新《イノベーション》となるだろう。「大人においては、どんなときにも、新しいということが楽しみの条件なのであろう。しかし子どもは一つの遊びを繰り返すよう、大人に求めて倦むことがない。最後には、大人は精根尽きて拒絶するしかなくなる。また子どもは、一度素敵な話を聞かされると、新たな話ではなく同じ話を何度でも聞きたがり、繰り返される話が同じであることに断固としてこだわり、話し手のほうが自分では新たな工夫を凝らすつもりで変更を加えても、そうした改変をすべて元に戻してしまうのである」[1]大人の誠実さに欠ける欲望とは反対に、子どもの性愛は、よく知られた、なじみの物に向けられるが、子どもの快は、見知らぬものを発見することにあるのではなく、永遠の繰り返しにあるのである。

子どもが「もっと」と言うとき、それは、子どもにとっては、大人と張り合い始め、自身の交渉能力を判断する機会でもある。乳児は、自分が大人にどれほどの力をもっているか試すために、遠くに物を投げるので、大人は子どもに再び与えずにはおれなくなるのである。子どもにとってもっとはもっとここにをも意味しており、物が魔法のように再び現われることは、子どもに物事が自身の愛と破壊性[2]を生きのびる事ができるという確信を与えてくれ、子どもはそれゆえ、将来にそのことに信頼を持つことができるのである。

サラは、初めて自分が映画館に行ったときに、途方もない悲しみで心をいっぱいになったのを覚えている。確かに、バンビの母親は不吉な運命を辿った。しかし最も恐ろしいのは別のところにある。慰めようのないのは、バンビと自分の涙から時間が経たないと、サラは自分の悲嘆の理由が、バンビの母親の死*ではなく「なぜならそれは終わったから！」ということを表わすことに成功しないということであった。子どもにとっては、終わりというものは想定できないものであり、快が過去に置かれることはあり得ないのだ。修正できないノスタルジーという形で、サラの勝利が永遠になる。サラが唯一求めているのは、未完成という快なのである。

（1）S. Freud, « Au-delà du principe de plaisir », in *Essais de psychanalyse*, Payot, 1967.〔フロイト『快原理の彼岸』『フロイト全集17』須藤訓任訳、岩波書店〕

（2）D. W. Winnicott, *Jeu et réalité, l'espace potentiel*, Gallimard, 1975.〔ウィニコット『遊びと現実、潜在的な空間』〕

や・ら・わ行

約束、誓い、唾を吐く　Promis, Juré, Craché

最低限言えることとは、それは確かなものではないということである。果たされる機会がくるまで、まるで約束というものが、繰り返すごとに語気を強めながら言葉にされる必要があるかのようである。言葉にするというのは一つの行為であり、言葉はそこでは身振りという価値を持っている。誓うというのは、二者関係であるが、つねに、証人、場合によっては神や悪魔という第三者を召喚するのである。「絶対に確かだ、命にかけて誓うよ、もし、嘘をついたら地獄に落ちてもいい」と言い、あるいは、さらに聖なるものに誓う場合は、「ボクのお母さんの命にかけて」と言う。「唾を吐く」というのは、約束を、身体的な物質によって——唾でなければ血の分有がそうである——確認する行為である。それは言葉が宙に浮いてしまわないようにするためである。

トマ「ママ、ボクは歳を取っても、ママの愛の中心であり続けるよ」「約束するよ」。子どもは、大きくなると、過ぎ去っていく時間を意識するようになる。約束が永続性を保証し、今日と明日の間の連続性を構築する。言葉にするという身振りは、言葉を保持することの可能性の不確実さを示す、というパラドックスがある。つまり、裏切りは避けられないのである。シモンは言う。「ママは、ママやパパというのは子どもを守るための存在だって言ったよね。でも、ママやパパが死んでしまったらどうやって守ってくれるの？」「生とは、母親の愛によって、母親が決して果たすことのできない約束というものを、生まれたばかりの子どもにさせるものである」[1]。両親の愛は、足りなくても過剰であっても子どもを失望させると非難されてしまう。両親の愛というものは、それが生み出す希望や欲望に対する方途を持ち合わせていない。子どもは、両親に夢見られた人生による約束を実現していくことはないからである。だから、「子供はその両親より幸せでなくてはならないし、人生を支配するものとみなされてきた諸々の必要性に従属させられてはならない。病気、死*、愉しみの断念、本人の意志の制限といったことは子供の身に降りかかってはならず……。子供はいまで果たされざる両親の欲望夢を成就すべきであり……」[2]。

約束する〔原語は promettre であり、語源的には「pro 前に」-「mittere 進ませる」に由来する〕とは文字通り前に進ませることである。それは、約束する人に期待させ、約束された未来に支払いを延ばすことへの誘いである。しかし、現在の社会というのは可能な社会のうちで最良のものとはいえないので、子どもは、小さいなりの不能感を補塡する形で未来に投影していくことになる。「ボクが大きくなったら*」という言葉は、約束をいっぱい詰め込んだ展望を開くが、その約束は何も誓っていないのである。

（1）R. Gary, *La Promesse de l'aube*, Gallimard, 1960.〔ガリ『夜明けの約束』岩津航訳、共和国、二〇一七年〕
（2）S. Freud «Pour introduire le narcissisme», *op. cit.*〔フロイト「ナルシシズムの導入にむけて」『フロイト全集13』立木康介訳、岩波書店、二〇〇九年〕

優しい／意地悪 Gentil / méchant

「パパの意地悪！」と、お菓子をもっとくれない父親に向かって女の子が言う。子どもの道徳判断はラディカルである。微妙な言い回しなど子どもの柄ではない。良いか悪いか、のどちらかである。もし、ボクの欲しいものをくれて、ボクのして欲しいことをしてくれるなら、キミは優しい。でもそうでないなら……「ボクは嫌いだ！」となる。人は自分を満足させてくれる人を愛し、自分を不満足にさせる人を憎む、良いか悪いかの区分は、受け入れるか拒絶するかの動きと結びついている。人は好きなものを吸収し、憎むものを吐き出すのだ。

あなたは私の味方なのか、敵なのか？ 世界の最初の表象はこう描かれる。それは、大人の思考ではあるがきわめて幼いままにとどまっているマニ教的思考の中に見いだされる視野である。西部劇から、悪の枢軸についてのジョージ・ブッシュの演説まで、同じことが言える。カウボーイとインディアン、善良な神と意地悪な悪魔の対立もそうである。

「人に優しくすることがとても難しい」という理由で、ある小さい子どもが診察にやってきた。子どもは、自分は意地悪になっているのではないかという不安を抱え、心の内に悪いものを持っていて、これらの悪い考えや、良くない傾向をむき出しにする攻撃性に直面しては罪悪感に浸るなどしていた。親の愛を失うかもしれない危険を冒してなぜこのような愚かなことをしようとするのだろうか。天使と悪魔の間の内的な葛藤は耐えがたく不確かである。誰がこの葛藤を取り去ってくれるのだろうか。

優しさとは何であるのかを定義することは単純ではない。他人に配慮すること、つまり、ある種の利他主義が示しているのは、子どもが、自己愛的な囲いから抜け出して、身近な人が感じていることに同一化できるということである。優しいけれどそれほど……でもない。というのも、優しさという語は、弱さや曖昧さと同義語になっていて、もはや褒め言葉ではなくなっているからこう言うのである。不快ないたずらっ子や、幼い不良は「完璧な優しさ」を持つことのない魅力を備えている。

休み時間 Récré

ざわめきや、つんざくような叫び声が起き、ひたすら走り回る生徒など、学校*に通っていたはるか昔のことを抑圧している大人にしてみれば、休み時間の様子は、混沌としてストレス解消の時間のように思えるものである。しかし、こうし外見上の混乱の背後からは、現に活動している小社会というものが浮かび上がってくる。そこでは、子どもたちが、組織の中での多くの試みを繰り広げている。というのも、休み時間というのは、自然状態から法治国家への移行、さらには、原始部族から平等社会への移行が絶えず行なわれている一つの実験室であるからだ。最初に要請されるものとは、校庭は、軟弱な子どもにとって集団から虐待される側に選ばれる恐れがあり、絶えず地獄になる危険をはらんでいるので一人でいてはいけない、というものである。他の子どもたちは、カリスマ的なリーダーの子どもたちのまわりに集まってくる。さらに、ボンボン*や秘密*のやりとりが行なわれ、持ち物の交換は仲間と打ち解けるための特別な手段なのである。子どもたちの小社会は女の子と男の子の集団に分断され、互いの接触は共同体から締め出されるが、「いたずら」と見せかけてその接触が求められもする。したがって、校庭というのは、子ども集団の会話の場、口伝えの知の場、さらには、ある世代から次の世代へと伝達される遊びの場である。プルッフ・プルッフ、アムストラムグラム、ビー玉遊び、ゴム飛ばしなど、他にも新しい子どもがやってくるとその都度新しい遊びが加わるのである。しかし、休み時間というのは、親密で内密なことをするのに適してもいる。茂みや校舎の片隅などは告白や秘密の陰謀を企てるのに理想の隠れ場所である。校庭は、子どもたちが大人たちの教育的なまなざしから離れることのできる場所であり、両親の部屋とはある種の対称をなす。それは、子どもたちの監督が行き届かない場所なのである。大人たちが沈静化をどれほど試みても、休み時間そのものは、まるで劇場の光景や人間存在に関わる劇空間であるかのようだ。恥辱、残酷さ、恐怖、歓喜などは、クレール・シモンの『休み時間』というドキュメンタリー作品が、休み時間というものを通じてそうした感情の強さを巧みに説明している。あらゆるものが対立している、興奮の放出によって支配されている休み時間と、現実原則による授業という想像的なもの、つまり、大人の知に服従することという二つの世界の間を子どもたちがいったりきたりする巧みさにわれわれは驚かされる。チャイムの音が鳴り響くときの子どもたちは、まさに、夢から覚めんとしている眠れる人であるかのようだ。

幽霊、おばけ　Fantôme

闇の共犯者である幽霊の透けた輪郭は、子どもの夢や悪夢*や夜の恐怖を増大させる。生きている者と死者*を凝縮し、ぼやけては次第に消えていく像である幽霊は、慣れ親しんだ印を不安定にさせ、「不気味なもの」（フロイト）の感情を呼び起こす。幽霊の存在を信じることへの子どもたちの普遍的な愛着をどのように説明できるだろうか？　あるいは、シーツを被って怖がらせる遊*び*を発見した喜びをどのように説明できるだろうか？　あるいは、幽霊屋敷や幽霊列車のような縁日の数々のアトラクションの盛況ぶりをどのように説明できるだろうか？　意図的に忘れようとするのに対抗し、生きている者に取り憑きにやってくる死者の伝説は、亡くなった人たちを、喪の作業の困難さや辛い思い出へと送り返す。一時的な復活である幽霊は、まなざしにこっそりと死者を差し出すと同時に死者の像に覆いを掛ける。このように、幽霊の姿は、子どもに、死んだ肉体の物質的な痕跡への問いに対する答えの草案を提供する。しかし子どもにおいては、大人においてと同様に、幽霊が、不在の他者の通った跡に、自分の喪失というメランコリックな危険を食い止めるために作りだされた一種の分身を具現化することで、死者と対面することは、鏡*の、あるいは同一化の一つの働きを繰り広げることなのである。

幽霊の諸々の幻想的な物語は、オスカー・ワイルドの『カンタヴィルの亡霊』（一八八七年）のユーモアに溢れた物語のように、しばしば家庭の不吉な出来事の劇場である幽霊屋敷で繰り広げられる。

それらの物語は、ある世代において秘密*にされてきた人生の事件は、子孫たちを混乱させにやってくる恐れがあるという原則に立脚している。セルジュ・ティスロンによれば、家族*の秘密は確かに「中世の伝説の幽霊たちが、誰かの家に招待されて壁をすり抜ける可能性を持っているのと少し似ていて、お互いに近しい人びとの精神を通り抜ける能力(1)」を持っているのである。しかしもし、幽霊に「訪問された」子どもが、しばしば一人の親によって告白できない生きたトラウマにつきまとわれるなら、そのギリシア語 ***phantasma***（ファンタスマ）の語源は、幽霊の幻影が、結局、個人的な幻想によって造形されているのだということを示唆している。幽霊の出現において、隠されたままに止まっているべきあったであろう何かが、ベールを掛けられたやり方であるにも関わらず回帰するのである。それは厳密にはつねに能動的であり、形の定まらない子どもの性に固有のものではないだろうか？　この意味において、「幽霊たちは、それが過去から来たのでないだけにいっそうわれわれを脅かすのである(2)」。

（1）S. Tisseron, « Maria Torok, les fntômes de l'inconscient », *Le Coq-héron*, 2006/3, n° 186.
（2）G. Deleuze, *L'Image-mouvement. Cinéma 1*, Minuit, 1983.〔ドゥルーズ『映像と運動　シネマ１・運動』財津理・斎藤範訳、法政大学出版局、二〇〇八年〕

幼児語　Mots d'enfant

言語の才能に恵まれた子どもでも、最初はやはり*infans*《インファンス》、つまり「パロールを欠いた存在」である。

話しだす前から、子どもというのは、人の話題になったり、話しかけられたりする。話すことのできない受動性によって、子どもは聞いたり見たり感じたりするものすべてを比類なき感度によって溜め込んだり観察したりすることができる。子どもが言葉を得ると、それだけで幼児語という貴重な資源を欠いた、曖昧なままにしておくことのない世界で満たされてしまう。「パパ、お星様を取ってきてくれる？」大人たちに付与されているように見える魔術的な力を鏡*のように映しだしながら、子どもは自分があらゆる物事の尺度であるという確信をしていることがわかる。「電気をつけてよ。ボクの目そのものが見えないから」。子どもというものは、世界を自身のイメージに合わせて見いだすのである。「ママ、見て！　ママの月だよ（その日は、満月の日であった）」「雨が降るのは、雲が悲しいからだね」「お互い好き同士の音を探しているんだ」（モーツァルト三歳）。そこには幼少期の想像力の源が潜んでいる。面白く奇想天外で心を和ませるが、ときに思いがけず残酷である幼児語は、大人の常套句の快適さや鎧のような〔身を守る〕言葉を知らない。子どもが大人になったとき、真理は子どもの口から出てくると信じるようになったのは、子どもなら、まだ口に出さないことを知らない欲望や幻想を面と向かって言葉にしてくれるからである。「ボクが大きくなったら*ママと結婚するよ。パパはどうしよう？　養子にしちゃえば、パパはボクたちの息子になるね」「ママ！　パパはママより早く死ぬことになっているの？」「ボクはパパといると本当に楽しいよ。ジジ（おちんちん）*をこちょこちょされているみたいだ」「ジジ（おちんちん）をいじっていると強くなれるんだ」。子どもの無垢さ*は容赦がないから、真なる問い、答えのない問いを立て続けるのだ。「パパ！　ママを好き*になっちゃったとき、大変だった?」「もしわたしが男の子だったら、パパのお腹の中から生まれてくるはずだったの?」「ママは、小さいときには、女の子だったの? 男の子だったの?」「大きくなりたくないなあ。パパやママみたいに歳をとりたくないから」。実際にはこのように幼児語は疑問符つきである。幼児語は子どもの口から出るだけでは十分ではない。大人の耳に入り込んで、不意打ちを食らわせることが必要なのだ。

離婚、言い争い Divorce, dispute

言い争いが勃発するやいなや、不安と同様に問いが即座に起こる。「パパとママは離婚するの?」そのラテン語の語源はまさしく危機を意味している。離婚(*divortium* の *dis* は「反対」、*vertere* は回転するという意味)は、意見の対立、うまく回避できない言い争いに起因する。子どもへの通知は、子どもにとっては絶対的な惨事で、両親が決定的に互いに背を向けると、もはや何も決して以前のようにはあり得ないだろうという確かさを表わしている。

にもかかわらず、子どもは「彼らの愛の結晶(fruit de l'amour)」だとつねに言われてきた。それでは、何だろう? その果実(fruit)の中には虫がいたのだろうか? もし子どもが両親の結婚から生まれたのなら、いったんその別離が承認されたなら子どもの運命はどうなるであろう? もしすべてが解消されることがありうるなら、今となっては、何が自分の運命を正当化してくれるのだろうか?「わたしの両親はわたしと離婚した」。エンマは文字通り分離され、引き裂かれた。(それでもエンマには二重世界の展望が開かれている）、そしてエンマはこれ以後、新しい家族、「半分の」母親（「あなたは私のお母さんじゃない！」）、半分の兄弟たち――彼らもまた明らかに二つに引き裂かれている、そうした新しい家族に慣れなければならないだろう。おとぎ話でよくあるように、エディプス・コンプレックスの親に対する敵意が、よりいっそう検閲に従属し、よりいっそうの両価性《アンビヴァレンス》の状態のままである時には、エンマは、荒れ狂った公然とした敵意の表明を引き受けてくれるという意味では少なくとも利点を持つであろう義母の存在と妥協しなければならないであろう。

両親の離婚は子どもに恐ろしい幻滅と、愛は永遠ではない（そしてそれゆえ、自分にとっても事情は同じになりうる）という意識を生じさせ、そしてそれは矛盾に満ちた罪悪感、しばしば幻想において彼らを別れさせることを望んでしまったせいで、自分が「夫婦の接着剤」になるべきであったのに、彼らを再び結びつけることに成功しなかったという罪悪感を生じさせる。すべての心理学的な説明（「パパとママは別れるけれど、彼らはあなたをずっと愛している」）は無力であり、何の役にも立たず、エンマは「パパはわたしたちから去ったんだ」と声高に叫ぶことを止めないであろう。

林間（臨海）学校 Colo

余暇に充てられた大自然のキャンプ休暇である林間〔臨海〕学校には自由の風が吹いている。親たちの監視から解放され、若い指導員たちにゆだねられ、いつもの制約はゆるめられ、そして子どもたちは解放される。ずっと昔から、子どもたちの手紙に添えられる月並みな決まり文句――「すべては順調で、指導員たちは親切です」――は、より刺激的な現実を偽っている。大人たちの監視を欺き、大部屋の「社会的夜」の親密さのなかで心をそそられる話の数々を共有し、恋する最初のときめきを味わうなど……ウェス・アンダーソンによる映画『ムーンライズ・キングダム(Moonrise Kindom)』[*]の主人公の少年は、そのようにしてボーイスカウトの単調さと、責任者の注意から逃れて、少女と逃亡し、沿岸地方を探検する。

林間〔臨海〕学校は、貧血になったり、結核に罹った幼い都会生活者たちの健康のために、田舎に滞在することによってもたらされた効果に感嘆したスイス人の一人の牧師による衛生学的狙いにおいて十九世紀の終わりに生み出されて以来、子どもたちが自律を学ぶよう導く一つの制度となった。その讃歌は大声で歌われる。「先生が来た、ラシ、ラソ。あなた方はここで何をしているの? ベッドの上で跳ねてるなんて! デザートはなしよ! デザートはおいしくない! あなた方は散歩禁止よ! 散歩なんか馬鹿にしてるよ!」違反する諸々の経験は解放の道へと導くが、失望を伴う。大人たちの見せかけの信頼性については、そのうわべの良さが剝がれ落ちる。「見張り人たちはたいしたことないさ。彼らはほとんど寝ているさ」と、ピエール・ペレ[*]は『すてきな林間〔臨海〕学校』の中で歌っている。

このように両親と離れていることの刺激は、何人かの子どもたちを首を長く待たせることを余儀なくさせる。「ボクはこの林間(臨海)学校を止めることができなかった。ボクは家よりもずっと月に近いアルプスの一杯の広大さの中に再びいた」と『地上の腐敗者たち(*Les Pourritures terrestres*)』[(1)]の中で語り手は嘆く。あきらめの感情が自由への約束より勝ることもあり得る。そこから家族からの郵便物が届けられたときの子どもたちの熱に浮かされたような状態が生じるのである。それが絶頂に達するのは、そこにはいない罪ある人たちからの砂糖をまぶされた食べ物（*ersatz*）、ボンボン*の小包が到着したときである。

（1）**H.-F. Blanc**, *Les Pourritures terrestres*, Le Rocher, 2005.

わざとじゃない　J'ai pas fait exprès

花瓶が床に落ちて割れる音が響く。「わざとじゃない！」と子どもが叫ぶ。不幸中の幸いだ！　これは罪と罪悪感の違いを強調する表現なのだ。つまり、計画的な犯罪なのか事故なのか？

このような告白と弁明を濃縮した子どもの言葉の中では、ドストエフスキー的な葛藤が機能している。この子どもの否認に、言葉の本心をどのように理解したらよいのだろうか。無邪気*さなのだろうか、あるいは、無意識の告白なのだろうか。無意識だとすれば、この（「わざとじゃない」という）表現は、反対の意味の真理（「わざとだ」）を隠しながら告げる挑発的宣言の意味を持っているのである。

灰皿で遊んでいる三歳の娘にママが言った。「置きなさい。割れちゃうから」。しかし、娘はいじくり続け、割れるべくして割ってしまう。「わざとじゃないの」。母親はここで考える。何がわざとじゃないのか？　壊したことだろうか？　それとも両親の禁止に立ち向かったことだろうか？

自由意志の道徳の尺度からすれば、無意識というものは存在せず、幼少期の状態はそれだけで情状酌量に値する。子どもにとっては、行為そのものではなく意図を裁いて欲しいのである。というのも、子どもは自分の思いどおりの能力が備わっているわけではなく、「幼い」ためにすべての動作を制御できないのである。その不器用さがうまい口実となり、子どもに対して自身のかくも気を揉ませる両価性《アンビヴァレンス》を見えなくさせてしまうが、その不器用さは、しばしば口に出せないような目的、たとえば、破壊や侵犯、罰を受けることを求めることなどまで隠してしまうことになる。お尻たたき*が混乱してしまうのは子どもがわざとやっていないからである。罰を与えることと、そこから得る満足感との間には隔たりがあるのだ。

訳者あとがき

本書はJacques André, *Les 100 mots de l'Enfant*,（Coll. « Que sais-je ? », n° 3938, 1re édition PUF/Humensis, Paris, 2013）の全訳である。

子どもに関する100の語彙を十四人の専門家や実践家がわかりやすく解説した著作である。十四人のほとんどは精神分析に依拠している。子どもに関連した文学や芸術への参照が数多くなされているが、それらの参照も精神分析の視点を通してなされたものであると言える。

監修者のジャック・アンドレはパリ第七大学精神病理学教授の精神分析家である。フランス精神分析協会会員で国際精神分析協会会員である。ジャン・ラプランシュと共にPUF（フランス大学出版局）« Petite bibliothèque de psychanalyse » シリーズを生み出した。

著作としては、フランス革命に関する研究をもとに執筆した、社会関係に関する精神分析的著書『兄弟殺しの革命』（*La révolution fratricide. Essai de psychanalyse du lien social*, Paris, PUF, coll. « Bibliothèque de psychanalyse », 1993）を始めとして、女性性など精神分析に関する著書が多数ある。『女性のセクシュアリティの起源において』（« Aux origines féminines de la sexualité », Paris, PUF, coll. « Bibliothèque de psychanalyse», 1995）は多数の言語に翻訳されている。さらに、『フランス精神分析における境界性の問題――フロイトのメタサイコロジーの再考を通して』（ジャック・アンドレ編）という臨床的にもきわめて価値の高い著作が二〇一五年十月に星和書店から邦訳されている（大島一成、阿部又一郎、将田耕作訳）。

主な著書は以下のとおりである。

Les 100 mots de la sexualité, Que sais-je ?, 2011.（筆者が二〇一三年に邦訳『100語でわかるセクシュアリティ――人間のさまざまな性のあり方』を同じく白水社から出している）

Les 100 mots de la psychanalyse, Que sais-je ?, 2011.

La sexualité féminine, Que sais-je ?, 2009.

Maternités traumatiques, 2010.

La psychanalyse de l'adolescent existe-t-elle ?, 2010.

La folie maternelle ordinaire, 2006.

L'énigme du masochisme, 2000.

Les états-limites, 1999.（二〇一五年に邦訳あり『フランス精神分析における境界性の問題――フロイトのメタサイコロジーの再考を通して』）

Psychanalyse, vie quotidienne, 2015.

そもそも「子ども」とは何らかの客観的な定義を持つ存在なのだろうか。つまり、医学的、生理学的、心理学的に、かくかくしかじかという存在であるという定義を持つ存在なのだろうか。本書を通して貫かれているのは、「子ども」とはこのような定義は不可能で、文化や歴史にこそ帰属する概念であり、おそらく時代と共に変化する概念である、という考えである。また、本書は、「子ども」が無垢な存在で、大人が無垢さを失った存在であるという、大人と子どもを二項対立でとらえる論理からもほど遠いものになっている。「子ども」は大人が思っているほど無垢ではなく、大人はそれほど無垢さを失っていないというほうが正確だろう。本書では、大人が、こうした子どもの本質に対して盲目であるがために、子どもに翻弄されたり、ときには子どもに対する問題を引き起こしたりする姿がよく記述されている。

本書は、100語からなる「事典」のような体裁をとってはいるが、必ずしも網羅的ではない。読者の中には読みたい項目がないと感じられる方がおられるかもしれないし、また反対に、思わぬ項目を見いだされる方がおられるかもしれない。たとえば、子どもの「事典」と謳っている割には、「ひきこもり」についての言及はあるのに（「ディスプレイ」）、日本の読者にとって肝心の発達障害の関連の項目がほとんどないではないか（実際にアスペルガーという言葉も一度も出てこない）と思われるかもしれない。フランスは日本のように発達障害概念が医療の中に過剰に氾濫し医療という堤防を超えて日常会話の中にまで浸透している文化ではない（もちろん、自閉症やアスペルガー障害という診断はきちんと児童精神医学の中に存在するが）。だが、筆者はこの違いにこそ、発達障害の本質を抉り出すものが備わっていると考えている。これを書いている現在、筆者は、フランスに近年出現しつつある「ひきこもり」青年についての診療や講演のために、フランスのストラスブール大学医学部の精神科に滞在しているが、日本と違って大人の発達障害という観点がほとんど存在しないことにいつもながら驚かされる。個人の多様性が尊重されるフランスでは、人が画一化へと押し流される傾向が強い日本と違って、「空気の読めない」大人に医療のまなざしが向けられることはないのである。もちろんこうしたフランスの個人主義ですらも、最近では変化しつつある。このような微妙なニュアンスを、子どもの諸項目を通じて読み取って頂きたい。

また、虐待に関する内容がきわめて多いのは、それはフランスにおいてであれ、日本においてであれ、人間の中にひそむ何らかの本質的なものであるからであると思われる。むしろすべての「虐待」を世の中から締め出そうとする（「虐待」そのものはもちろん悪しき行為であるが）体制に現代的な文化の傾向を見てとるのはフランスならではである。

さらに、現代の子どもに関して我われが目を背けがちなことを明るみに出そうと試みているのも本書の特徴の一つである。しかし、その目を背けようとする行為を安易に批判するのではなく、そこにある種の社会的・文化的な側面を読み取ることの重要性をわからせてもくれるのである。

要するに、個々の精神的な諸問題の解決の糸口をつかむために本書を手にした読者の期待は裏切られるかもしれないが、それらの諸問題を成り立たせている「社会」を理解するためには恰好の書であると言えるだろう。

それぞれの項目は独立しているので、冒頭から読むこともできるし、もちろん好きな項目から読み始めることもできる。なお、本文中の文学作品からの引用については、邦訳のあるものは、できる限りそれを参照した。

本書の翻訳にあたっては、はじめに番場寛氏と筆者とでそれぞれ関心のありそうな項目の下訳をして、最終的に共同ですべて手直しした。

最後に、本書の上梓にあたっては、白水社編集部の小川弓枝氏に大変お世話になった。煩雑な作業に従事された同氏には、訳者として感謝の気持ちでいっぱいである。

古橋忠晃

二〇一七年六月　フランス、ストラスブールにて

訳者略歴

古橋忠晃（ふるはし　ただあき）
精神科医，医学博士
1999年名古屋市立大学医学部医学科卒業．現在名古屋大学学生相談総合センター准教授．ストラスブール大学客員教授（2011年6月）．2017年からはストラスブール大学医学部精神科セクター医療臨床観察医も兼ねる．専門は精神医学，精神病理学，精神分析．
専門領域の諸々の論文の他，訳書としては，ジャック・アンドレ『100語でわかるセクシュアリティ』（共訳，白水社，2013年），ケネス・J・ズッカー，スーザン・J・ブラッドレー『性同一性障害』（共訳，みすず書房，2010年），ロラン・シェママ，ベルナール・ヴァンデルメルシュ『精神分析事典』（共訳，弘文堂，2002年），スラヴォイ・ジジェク『もっとも崇高なヒステリー者―ラカンと読むヘーゲル』（共訳，みすず書房，2016年），ジャック・ラカン（ジャック=アラン・ミレール編）『不安』（上下巻，共訳，岩波書店，2017年）などがある．

番場 寛（ばんば　ひろし）
1983年中央大学大学院博士後期課程単位取得退学．1984年から1986年にかけてロータリー財団奨学生としてフランスに留学．フランシュコンテ（ブンザンソン）大学，パリ第7大学DEA（博士論文提出資格課程）修了．1992年大谷大学文学部専任講師．2002年から2003年にかけてパリ第8大学精神分析学部招聘研究員．現在大谷大学文学部国際文化学科教授．
専門領域の諸々の論文や著書の他，訳書としては，ロラン・シェママ，ベルナール・ヴァンデルメルシュ『精神分析事典』（共訳，弘文堂，2002年），J=D. ナシオ「フランスにおける精神分析の現状――フランス文化におけるジャック・ラカンの占める位置」『大谷大学真宗総合研究所研究紀要』第15号などがある．

執筆者一覧

アンドレ，ジャック　Jacques André

悪夢／いんちき／お尻たたき，平手打ち／禁止／最初の一歩，はじめに覚える言葉／叫び／ダメ(否)，違う／ボクが，ボクに，ボクひとりで

アンドレ，ジョアンヌ　Joanne André

叱る／すねる／泣く（泣き言をいう，めそめそする，わめく）／ねんね／恥ずかしがり屋／風呂／分別盛り／ボクじゃないよ(軽率な言動)

イ・ミギョン　Mi-Kyung Yi

遊ぶこと，演じる，ふりをする／鏡／デッサン／どのようにして赤ちゃんを作るの？／パパ，ママ／ほほえみ（笑い，冗談）／約束，誓い，唾を吐く／幼児語

ヴァロン，フィリップ　Philippe Valon

言いつけてやる，告げ口する子ども／過活動の／宿題／小児性愛者（ペドフィリア）／早熟な不良少年 対 聖歌隊の子どもたち／人形，おもちゃの自動車／望まれた，それともそうではなかったか？

ウルヴィ，カロリーヌ　Caroline Hurvy

お気に入り／恐れ(恐怖)／女性教師,先生／ディスプレイ(ゲーム機）／動物／みなしご，孤児／林間（臨海）学校

エステロン，ヴァンサン　Vincent Estellon

嘘／気まぐれ／下品な言葉／祖父母／乳歯／ブーダンうんこ／便器／ボクが大きくなったら

サイエ，マチルド　Mathilde Saïet

赤ちゃん／お医者さんごっこ／子守唄／ぬいぐるみ／ブランコ，メリーゴーラウンド／もっと（また）／離婚，言い争い

シュニーヴィント，アレクサンドリーヌ　Alexandrine Schniewind

痛み／おやつ，味わうこと／死／退屈／誕生日／どうして？なぜ？

ダルジャン，ファニー　Fanny Dargent

鬼，魔法使い／かくれんぼ／虐待児／喧嘩／失読症／抱きしめる，ハグ（キス）／秘密，密かな／無垢，純真さ

トンプソン，カロリーヌ　Caroline Thompson

うえっ！／お小遣い／家族／悲しみ／くすぐり，こちょこちょ／優しい，意地悪／わざとじゃない

ノー，フランソワーズ　Françoise Neau

乳母（託児所）／お話しを聞かせて／残酷な／隅（に行く），罰／ボンボン

パルスヴァル，シャルロット・ド　Charlotte de Parseval

キミはもうワタシ（ボク）の友達じゃない！／グランドペルソンヌ（大人たち）／恋している，恋愛，好き／休み時間／幽霊，おばけ

ベルナトー，イゼ　Isée Bernateau

王様としての子ども／置き物のようにおとなしくしていること／兄弟姉妹／サンタクロース／白雪姫，シンデレラほか／スーパーヒーロー／見捨てられて，迷い子になって／〜みたいだ

マロスト，ジョスリーヌ　Jocelyne Malosto

甘えんぼ／おちんちん（ジジ，ジゼット）／おねしょ／親指，おしゃぶり／学校，学ぶ／子ども部屋，寝室／ずるい，不公平だ／早熟児

文庫クセジュ　Q 1015
100 語でわかる子ども

2017年９月20日　印刷
2017年10月10日　発行
編著者　ジャック・アンドレ
訳　者 ©　古橋忠晃
　　　　　番場寛
発行者　及川直志
印刷・製本　株式会社平河工業社
発行所　株式会社白水社
東京都千代田区神田小川町３の24
電話　営業部　03(3291)7811 / 編集部　03(3291)7821
振替　00190-5-33228
郵便番号　101-0052
http://www.hakusuisha.co.jp

乱丁・落丁本は，送料小社負担にてお取り替えいたします．
ISBN978-4-560-51015-5
Printed in Japan

文庫クセジュ

哲学・心理学・宗教

13 実存主義
114 プロテスタントの歴史
193 哲学入門
199 秘密結社
228 言語と思考
252 神秘主義
326 プラトン
342 ギリシアの神託
355 インドの哲学
362 ヨーロッパ中世の哲学
368 原始キリスト教
417 デカルトと合理主義
444 旧約聖書
461 新しい児童心理学
474 無神論
487 ソクラテス以前の哲学
500 マルクス以後のマルクス主義
510 ギリシアの政治思想
519 発生的認識論
525 錬金術
535 占星術
542 ヘーゲル哲学
546 異端審問
558 伝説の国
576 キリスト教思想
592 秘儀伝授
594 ヨーガ
607 東方正教会
625 異端カタリ派
680 ドイツ哲学史
704 トマス哲学入門
708 死海写本
722 薔薇十字団
733 死後の世界
738 医の倫理
739 心霊主義
751 ことばの心理学
754 パスカルの哲学
763 エゾテリスム思想
764 認知神経心理学
773 エピステモロジー
778 フリーメーソン
780 超心理学
789 ロシア・ソヴィエト哲学史
793 フランス宗教史
802 ミシェル・フーコー
807 ドイツ古典哲学
835 セネカ
848 マニ教
854 子どもの絵の心理学入門
862 ソフィスト列伝
866 透視術
874 コミュニケーションの美学
880 芸術療法入門
891 科学哲学
892 新約聖書入門
900 サルトル
905 キリスト教シンボル事典
909 カトリシスムとは何か

文庫クセジュ

文庫クセジュ

社会科学

357 売春の社会学
396 性関係の歴史
483 社会学の方法
616 中国人の生活
654 女性の権利
693 国際人道法
694 外科学の歴史
717 第三世界
740 フェミニズムの世界史
744 社会学の言語
746 労働法
786 ジャーナリストの倫理
787 象徴系の政治学
824 トクヴィル
845 ヨーロッパの超特急
847 エスニシティの社会学
887 ＮＧＯと人道支援活動
888 世界遺産
893 インターポール
894 フーリガンの社会学
899 拡大ヨーロッパ
917 教育の歴史
919 世界最大デジタル映像アーカイブ　ＩＮＡ
926 テロリズム
936 フランスにおける脱宗教性《ライシテ》の歴史
940 大学の歴史
946 医療制度改革
957 ＤＮＡと犯罪捜査
994 世界のなかのライシテ
1010 モラル・ハラスメント